시대의 지성
노암 촘스키

차 례
Contents

촘스키는 누구인가?

노암 촘스키(Noam Chomsky, 1928~)는 언어학자이자 강대국 미국에 대한 정치비평가로 유명한 인물이다. 1928년 12월 7일 미국 필라델피아에서 태어난 촘스키는 '변형생성문법(Transformational Generative Grammar)'이라 불리는 언어이론을 창시한 이래 전 세계 언어학계에 획기적인 전환점을 가져다주었으며, MIT를 중심으로 수많은 제자를 배출하여 20세기 언어학의 전성시대를 구가하도록 해주었다. 우리나라에서도 그의 언어이론에 대해 언어학자는 물론 철학자, 심리학자, 인지과학자들 사이에서 많은 논의가 이루어져 왔다. 그는 자연언어의 심층구조 탐색을 알리는 『통사구조론(1957)』을 출간한 이후, 『통사이론의 제양상(1965)』 『지배결속이론(1981)』 『최소주의 프로그램(1995)』 등을 통해 언어학의 혁명을 주도하였다. 또 촘스키의 언어학은 수세기 동안 잊혔던 데카르트를 되살리고 프랑스의 뽀르루아얄(Port-Royal) 문법 학파를 복권시켜 이성주의 언어학의 부활을 알려주었다. 이는 그의 저서 『데카르트 언어학(1966)』 『규칙과 표상(1980)』 『언어에 대한 지식(1986)』 등에서 구체적이면서 발전적으로 거론되고 있다. 언어학 이론의 새로운 기틀을 이룩한 촘스키는 인간의 뇌가 선천적 언어능력을 보유하고 있으며 이런 생물학적 능력이야말로 모든 인간에 내재한 원리라고 주장한다. 따라서 모든 인간언어와 어린아이들의 언어습득 방식은 상당히 유사하다는 것이 촘스키의 주장이다.

언어학자로서의 위상 이외에도 촘스키는 계몽주의 전통의 계승자임을 자처하고 언어뿐만 아니라 창조적 개인 및 사회 안에서 인간 자유의 속성에 관한 새로운 통찰력을 제공한다. 이와 같은 통찰력은 그가 저술한 수많은 책과 논문에서 잘 드러나고 있다. 『미국이 진정 원하는 것(1996)』 『불량국가(2001)』 『숙명의 트라이앵글(2001)』 『패권인가 생존인가(2004)』 『촘스키, 세상의 물음에 답하다(2005)』 『중동의 평화에 중동은 없다(2005)』 등의 수많은 저서는 이런 통찰력을 반영하는 것이며 대부분 미국 정부의 외교정책과 군사 경제정책, 전 세계의 인권문제, 지식인에 대한 비판, 시민운동과 그에 대한 비전을 주된 내용으로 삼고 있다.

하지만 촘스키가 일구어 낸 확실한 업적에도 불구하고 그의 언어학적 연구 작업은 갈수록 많은 사람들의 비판 혹은 무관심의 대상이 되고 있다. 소쉬르(Ferdinand de Saussure, 1857~1913)와 더불어 20세기 가장 위대한 언어학자로 기억되는 그의 언어학적 가설은 다른 어떤 언어이론보다 체계적이며 논리적이다. 하지만 우리는 형식 과학적 연구를 통해서만 인간언어를 이룩하려했던 노력, 미국이라는 거대 국가를 기반으로 한 변형생성문법의 중심화, MIT를 중심으로 배출된 다수의 촘스키 추종자들이 보여준 맹목적 경외심에 대해 생각할 필요가 있다. 우리 사회에서 '영어'라는 언어가 갖고 있는 확실한 위치, 많은 변형생성문법 학자들이 미국에서 공부를 했다는 점, 그리고 그들 대부분이 대학의 최대 학과인 영문과에 소속되어 있다는 점에서 그의 이론은 늘 언어학계의 '중심'에 있었다. 이는 우리나라뿐만 아니라 미국의 학문을 적극적으로 받아들이는 대부분의 나라에서 볼 수 있는 현상이다.

하지만 대비되는 현상 또한 있다. 언어학의 중심으로 들어오지 못하고 유행처럼 흘러간 이론, 그에 따라 변형생성문법을 연구하지 않던 학자들조차도 촘스키의 변형생성문법에 대해 냉소를 금치 못하는 형국인 것이다. 즉 촘스키가 제시한 언어이론이 인간언어의 본질을 해석하기에 너무 협소하다는 생각, 혹은 영어에만 적용되는 영어문법이론이라는 생각, 그래서 미국적인 학문에 일단 반대부터 하고 본다는 일종의 또 다른 지적 편견이다. 이는 서구의 어떤 사상이나 이론이 국내에 유입될 때 그에 대한 본질적인 논의나 토론이 진행되지 않고 그 이론의 긍정적, 부정적인 부분에 대한 학계의 심도 깊은 논의 또한 부재함을 말해준다. 이러한 배경 하에 제대로 된 논쟁 한 번 없이 변형생성문법은 퇴색되어 가고 있고, 반면 정치비평가로서 촘스키의 행보는 시민과 대중, 미국 중심의 세계화에 반대하는 21세기 우리 사회에서 주목받고 있다.

사회의 특수성과 맞물려 우리 학계와 독서계는 언어학자로서의 촘스키, 정치비평가로서의 촘스키를 순차적으로 소비해왔다. 시기적으로 약간의 차이는 있지만 1950년대 후반을 시점으로 언어이론이 시작되었던 반면 그의 독자적인 정치 비평은 『데카르트 언어학(1966)』을 표방하고 베트남 전쟁이 본격화된 1960년대 들어 시작되었다. 촘스키 자신도 자신의 언어이론과 정치적 여정이 어느 정도 연관성이 있음을 밝혔기에 두 과정이 거의 같은 선상에서 추구되었음을 알 수 있다.

이런 연관성에도 불구하고 우리 사회는 왜 촘스키의 이론과 사상을 그렇게 순차적으로 소비해왔는가? 아마 서구 사상에 대한 우리의 식민지적 답습, 혹은 20세기를 거치며 우리가 겪어온 과정에 그 일차적인 문제가 있을 것이다. 한국 사회는 20세기 들어 급격한 사상적, 물질적 변화를 겪었다. 서구를 닮으려는 서구화 혹은 근대화라는 기치 하에 물질뿐만 아니라 서구의 사상 또한 놀랄 만큼 많이 수입한 것이다. 제2차 세계대전을 전후한 실존주의, 1970~1980년대의 분석과학철학, 1980년대 변증법은 우리 사회에서 '일반문법'으로 통용되었으며 시대를 고민하고 있던 사람들의 의식을 전환시키는 데 공헌했다. 1990년대 들어 포스트모더니즘의 물결과 21세기 융·복합 학문은 오늘날까지 우리 대중문화와 사회 전반에 확산되어 이에 대한 새로운 연구를 양산하게 만들었고 나아가 푸코, 데리다, 들뢰즈와 같은 프랑스 후기구조주의 철학자들, 그리고 니체, 하이데거, 하버마스를 비롯한 독일 철학자들, 로티를 비롯한 미국의 신실용주의자들이 우리 지식계의 중심에 파고 들 수 있는 계기를 만들어주었다. 프랑스의 68혁명 운동을 기점으로 태동했다고 여겨지는 포스트모더니즘은 전 세계적인 혁명운동으로 연결되면서 사회 문화 전반에 엄청난 변동을 가져왔다. 때로는 반전이나 반핵운동, 미국의 자본주의를 비판하는 탈식민주의 사관, 페미니즘 운동 등을 형성하여 새로운 시민사회 운동의 시발점으로 자리 잡게 되면서 우리 사회의 '일반문법'을 형성하는 담론체계를 형성한 것이다. 삶과 지식의 문제를 체험을 통해 개념화하고 그것을 매개로 우리 삶과 사회를 변화시키려하기보다 서구 지식을 수입해 소비하고 답습하기에 급급했던 우리. 촘스키의 언어이론과 그의 정치적 여정 또한 우리는 이를 그저 소비하는 차원에 둔 것은 아닌지 의문이 든다.

1970년대부터 1990년대 초반까지 우리 사회에서 촘스키는 변형생성문법의 창시자이자 20세기 가장 위대한 언어학자로 회자되었다. 그가 추구해온 언어이론은 대학 영문학과, 언어학과를 비롯한 다른 어문학과를 모두 휩쓸며 당시까지 우리 학계를 지배해 온 구조주의 언어학을 '낡은 것'으로 바꾸어버렸지만 상대적으로 정치비평가로서 그의 업적은 거의 소개되지 않았다. 그리고 1990년대 이후 포스트모더니즘의 등장으로 대중

문화의 확산, 국가와 자본, 그리고 미국식의 세계화에 대한 비판 의식이 확산되자 촘스키는 다시 수면 위로 떠올랐다. 언어학자로서가 아닌 미국의 대외정책을 비롯한 정치사회비평가로 우리 사회가 다시 그를 소비하기 시작한 것이다. 수많은 관련 서적이 출판되면서 촘스키는 세계의 일을 자신의 일로 여기는 진정한 지식인으로 각인되었다. 하지만 이번엔 20세기 인문학적 사유 지평에 새로운 전기를 마련한 언어학자로서의 면모가 감춰지고 말았다.

촘스키의 두 가지 모습은 이렇게 시대별로 다르게 출간되고 소비되었다. 이러한 현상들이 우리에게 무엇을 시사해주고 있는지에 대한 심도 깊은 이해가 필요하다. 이는 서구 학문에 대한 재조명은 물론 촘스키 사상의 순기능과 역기능을 우리 사회 내에 제대로 투영해볼 수 있는 기회가 되기 때문이다.

필자는 촘스키와 그의 언어이론 혹은 정치비평에 대한 간략하지만 종합적인 이해를 도모해보고자 한다. 이를 위한 작업은 네 가지 층위에서 이루어질 것이다. 이 책을 통해 독자들이 촘스키의 기본을 이해하고 그의 사상에 깃든 이미지의 얼개를 짤 수 있었으면 한다. 그리고 그의 이론에 대한 전반적인 흐름, 이를 기반으로 한 언어와 정치평론 혹은 비평과의 관계가 어떻게 이루어졌는지, 또 정치비평의 기본적인 내용과 행동하는 지식인이 무엇인지를 이해할 수 있으면 좋겠다. 나아가 가능하다면 이를 토대로 촘스키 사상의 세부적인 후속 작업과 논의가 이루어졌으면 하는 바람이다.

앞서 언급한 네 가지 층위는 다음과 같다. 먼저 촘스키가 제시하고 있는 '언어적 층위'이다. 이는 변형생성문법이 진정 언어학에서 '혁명'[1]이라고 부를 만한 사유 방식 혹은 근거를 제시했는가의 문제다. 이 문제는 당시 언어학계를 지배했던 구조주의와의 관계와 미국 언어학의 당시 경향, 이 두 가지를 살펴가면서 풀어볼 것이며 이를 통해 우리는 촘스키가 추구한 초기 변형생성문법의 목표가 무엇이었는지를 파악할 수 있을 것이다. 또 촘스키의 초기 변형생성문법 개념을 이해한 후 현재까지 이어지고 있는 이론과의 관계를 전반적으로 살펴봄으로써 변형생성문법의 개념 및 변화까지 전체적으로 살펴볼 수 있을 것이다.

두 번째 층위는 첫 번째 문제의식과 연결되는 부분이다. 즉 촘스키가 발전시켜온 초기 언어이론이 결국 변형생성문법으로 존재하는가, 혹은 포기되어 그저 촘스키(더 나아가 촘스키를 추종하는 학자들)만이 주장하는 언어이론으로 남았는가에 대한 논의이다. 이는 포퍼(K. Popper)나 라카토스(I. Lakatos)의 과학철학에서 주장하는 식의 연구프로그램[2]으로 촘스키 자신이 정의하고 있는 부분이라 그의 이론의 진정한 속성을 파악할 수 있는 문제이다. 초기의 목표가 연속적으로 추구되었다면 변형생성문법으로의 가치를 유지하겠지만, 그렇지 않다면 그것은 촘스키 스스로 초기의 가설을 변형시켜 촘스키식 언어이론으로만 남았을 가능성이 있다. 여기에는 변형생성문법은 물론 형식언어이론들과의 관계까지 고려해봐야 한다.[3]

위에 언급한 두 문제는 변형생성문법이라는 언어이론의 총체적 성격을 파악하고 이해하는 데 중요한 근거가 된다. 이 두 사실에 대한 규정을 통해 촘스키 언어이론이 20세기 인간언어의 발전에 기여한 순기능과 그의 언어학적 존재론의 테두리를 동시에 살펴볼 수 있기 때문이다. 물론 여기에서 촘스키가 제시한 모든 이론적 사례나 발전 과정을 제시할 수는 없다. 따라서 그의 이론적 변화 과정에 따른 큰 틀 안에서만 설명될 것이다.

세 번째 층위는 촘스키가 추구하는 언어학의 이성주의(rationalism)가 어떤 인식론·존재론적 가치를 갖는가이다. 소위 말하는 '이성의 해체'나 '이성의 죽음'을 주장하는 후기구조주의에서 그의 언어학적 주장의 핵심은 '이성의 부활', '주체의 부활'에 있다. 즉 '이성'이라는 '보편상수'를 복원시켜 자신의 언어이론에 의한 인간학의 구축, 언어체계를 세우고 이를 통해 근대과학의 영역으로 비집고 들어가려는 것이다. 그의 이성주의적 언어학이 어떤 관점에 있는가를 살펴보는 일은 이런 의미에서 '이성의 해체'를 주장하는 후기구조주의자들의 담론과 결부하여 생각해볼 수 있다. 특히 과학적 언어분석을 주장하는 촘스키와 언어의 화행론(언어행위이론)적 층위를 강조하는 후기구조주의자들의 언어관을 비교하는 일은 흥미로운 논의가 될 수 있을 것 같다.[4]

네 번째 층위는 그의 언어이론이 정치비평과 어떤 사상적 연관성이 있는지를 살펴보아야 한다. 앞서 언급했듯이 우리 사회는 촘스키를 연구함에 있어 언어에 대한 성찰방식과 그의 정치비평에 대한 시각을 분리해왔다. 이는 촘스키라는 한 인물에 대한 총체적 이해보다 때로는 20세기의 위대한 언어학자로, 때로는 우리 시대의 대표적 진보지식인으로 분리하여 인식했기 때문이다. '보편문법(Universal Grammar)'을 주장하는 촘스키의 이론은 '언어이론의 세계화'라고 부를 수 있을 만큼 막강한 힘으로 전 세계 언어이론을 하나로 묶어냈다. 정치적으로 그가 세계화를 주장하는 미국을 비판한 것과 대조적인 현상이지만 사실 우리는 이런 부분을 간과한 채 그의 지식만을 순차적으로 소비해왔다. 하지만 이제 우리는 촘스키의 언어이론과 정치비평과의 연관성 측면에서 궁극의 접점을 살펴보아야 한다. 언어학자와 정치비평가라는 두 가지 모습이 혼재되었음에도 불구하고 20세기는 촘스키를 변형생성문법의 창시자로 먼저 기록할 것이다. 따라서 언어학자로서 촘스키의 모습이 그의 정치적 행로와 직접적인 연관성이 없다 할지라도 이 두 영역이 동시에 한 인간을 이야기하고 설명하는 데 초점을 맞추고 있다는 차원에서 함께 연계시켜 생각해볼 것이다.

언어학이 무엇인가를 규정하는 문제, 언어학의 외연을 긋는 문제 자체는 시대 흐름에 따를 수 있다. 그럼에도 지난 수십 년간 우리 사회는 촘스키를 언어학자, 또는 정치비평가로 다소 상이한 시각에 따라 평가해왔다. 우리 사회의 익숙한 모습이긴 하지만 필자는 학문이란 것이 그렇게 분절체계로만 연구될 수 있는지에 대해 의문을 품고 있다. 우리는 기존의 학문 분절 체계를 가로지르면서 새롭게 사유할 수 있는 시대에 살고 있기 때문이다. 촘스키의 언어와 정치비평에서의 여정 또한 이러한 차원에서 재조명해보는 것은 흥미로운 일이다.

언어학의 촘스키 혁명

19세기 독일에서 '언어학(Linguistik)'이란 용어가 처음 생긴 이래 언어학은 자연과학의 위상에 부합하는 과학으로서의 지위를 확보하기 위해 부단한 노력을 경주해왔다. 물론 과학으로서의 언어학이 19세기 처음 제기된 것은 아니며 고대에서 중세, 근대를 거쳐 당시의 사상적 맥락에 따라 정의나 사고방식 등이 꾸준히 변화·형성되었다. 그러나 근대 실증과학에 기반을 둔 언어학의 독자성이 19세기 들어 본격적으로 제기됐다는 점만큼은 일반적으로 받아들여지는 사실이다.

언어학의 기원은 '언어학'이란 용어가 처음 출현한 1800~1830년으로 거슬러 올라간다. 특히 이 시기에 비교문법의 개념이 진척되었는데 비교문법은 언어학에 있어 과학의 토대를 마련해준다. 기원이 된다고 볼 수 있는 이 연도의 추정은 19세기 내내 옹호되었으며 특히 1875년 휘트니와 브레알, 소쉬르에 의해 강력하게 주장되었다.

　　　　　　　　　　　　　　　- 조르쥬 비뇨, 『인지과학입문』, 2002.

　이는 언어학이 철학이나 심리학, 사회학, 정신분석학, 인지과학 등의 하위분야가 아닌 독자적인 위상을 확보하기 위한 노력이었음을 의미한다. 특히 20세기는 소쉬르와 촘스키라는 거장을 탄생시켜 그 어느 때보다 언어학의 존재론적 위상이 강화되고, 언어학이 과학으로서의 학문적 위상을 부여받은 시기였다. 따라서 20세기 사상의 지평을 이해하기 위해서는 언어학에서 제기하고 있는 다양한 개념을 먼저 습득해야 했다. 또 언어학 자체도 논리나 심리, 사회성의 본질상 주변 학문에 많은 영향을 주면서 나날이 성장하는 학문으로 자리 잡게 되었다. 이와 같이 언어학을 중요 학문으로 인식하는 상황에서 변형생성문법의 창시자인 촘스키는 인간언어를 경험과학과 같은 분석방법의 틀 내에서 새롭게 제시하고자 했다.

　필라델피아 태생의 노암 촘스키는 필라델피아 대학에서 언어학과 철학, 논리학을 공부했다. 그리고 그곳에서 석사와 박사학위를 취득한 후 1955년부터 MIT에서 언어학과 철학을 강의해왔다. 촘스키는 히브리어 학자인 부친의 영향으로 중세히브리어 문법에 익숙했고[6] 『현대 히브리어의 형태음운론』을 석사

학위 논문으로 썼다. 이 논문은 이후 세밀한 수정을 거쳐 1979년 책으로 출간되었다.

하지만 당시 미국 언어학계를 지배했던 구조언어학에 회의를 품은 촘스키는 개념적 변화가 없는 언어학은 더 이상 과학으로서의 위상을 확보하지 못할 것이라는 회의에 빠진다. 그에 따라 촘스키는 20세기 언어학에 혁명을 선도할 '변형생성문법이론'을 창시하게 된다. 이 이론은 기존의 언어에 관한 역사적인 전통, 관념론에서 현대 논리학까지를 포괄한 사상적 흐름, 그리고 미국과 유럽 구조주의의 한계를 넘어선 새로운 인공어의 출현과 더불어 인간언어의 새로운 모습을 들춰내려던 것으로 여기서 우리는 그의 야심을 엿볼 수 있다. 또 이러한 그의 의지는 단지 언어이론에만 국한된 것이 아니라 신좌파라 할 수 있을 정도로 이상주의적인 정치적 견해를 갖는 데서도 알 수 있다. 촘스키는 미국의 베트남 전쟁을 비판하는 것으로 시작해 미국의 세계화 정책, 인권 문제, 대학의 구조 문제 등을 비판했으며 이런 행동이야말로 진정 지식인의 살아 있는 양심이라고 생각했다.

초기 촘스키가 추구한 언어학의 목표는 그의 전승자들, 예를 들어 블룸필드(L. Bloomfield)나 해리스(Z. Harris)가 추구한 단순한 언어목록의 작성과 같은 가시적인 '발견 절차(Discovery procedure)'가 아니었다. 그는 인간의 정신을 지배하는 언어의 '설명적 원리'를 찾아내려 했다. 촘스키 이전에 미국의 지배적인 조류였던 미국 구조주의[7]에 따르면 어떤 언어 자질의 분포적인 관계는 관찰된 규칙성(사실의 총체)에 국한될 필요가 있다고 한다. 당시의 분포주의는 20세기 초중반 미국 심리학의 행동주의 접근방식을 추구했으며 철학은 논리 경험주의에 근간을 두고 있었다. 이에 토대를 둔 분포주의자들은 인간의 행동이 근본적으로 자극과 반응의 관계에서 묘사될 수 있다고 생각한다. 촘스키처럼 인간의 정신적이고 이성적인 능력과 활동을 설명하기 위해 특별히 정신의 존재를 가정할 필요가 없으며 철저하게 귀납적인 방법론을 추구하자는 것이 분포주의자들의 입장이었다. 이러한 관점 하에서는 촘스키식의 화자 직관이나 창조적 언어능력 등 물리적으로 측정할 수 없거나 직접 관찰되지 않은 모든 비합리적인 자료체는 단호히 거절된다. 경험과학을 추구하는 분포주의는 과학적 탐구라는 면에서 촘스키가 추구하고자 했던 방식과 일부 흡사한 측면이 있지만 인간 이성에 호소하는 자료체와 같이 직접 관찰될 수 없는 요소를 거부함에 있어서는 분명한 차이가 있다.

그렇다면 촘스키의 변형생성문법이 언어학에 어떤 식으로 새로운 전기를 마련했는지 살펴보자. 앞서 언급했듯이 촘스키는 방법론적으로나 기술적으로 분포주의, 그리고 당시 유행했던 논리실증주의와 상당 부분 맥을 같이 하였다. 그럼에도 불구하고 뉴메이어(F. J. Newmeyer), 라이언스(J. Lyons), 가드너(H. Gardner)와 같은 학자들은 촘스키의 등장으로 진정 '언어학적 혁명(Linguistic revolution)'이 이루어졌다고 입을 모았다. 또 대부분의 촘스키 추종자들은 이전의 언어학 어느 분야에서도 그와 같이 새로운 관점은 없었다는 사실에 동의했다. 촘스키의 그 놀라운 이론은 과연 어디서 시작된 것일까? 또 어떤 부분 때문에 '혁명의 관점'이라고까지 불리는 것일까?

초기 촘스키는 한정된 수의 생성 규칙과 낱말을 갖고 무한한 수의 문장을 만들어낼 수 있는 형식화된 문법을 만들고자 했다. 따라서 변형생성문법의 초기 모델은 수리적인 모델에서 착안해 인간의 자연언어를 다루는 문법에 구구조규칙(Phrase structure rules)을 설정한 것이라 할 수 있다. 그리고 구구조규칙으로 규명하지 못하는 문법 현상을 설명하기 위해 변형규칙(Transformational rules)을 도입, 구구조문법(Phrase Structure Grammar)을 보완하는 변형문법의 우월성과 필요성을 강조하였다고 할 수 있다. 이 변형의 개념은 그의 지도교수였던 해리스에게 영향받은 바가 크다.

커뮤니케이션 이론에서 중요한 역할을 하는 유한상태 문법(Finite state grammar)은 선적인 요소의 시퀀스를 산출할 수 있는 형식화를 일컫는다. 처음 단계에서 출발하여 먼저 한 절의 첫 단어를 생성하고 다음에 출현할 단어의 가능성을 설명하는 두 번째 단계로 나아간다. 그리고 각각의 전이과정에 단어를 산출하면서 하나의 완전한 문장이 산출되는 마지막 상태까지 이어지게 된다. 엄격한 과학으로서의 이러한 형식체계는 문법적으로 정확한 연속체를 구성하는데, 한마디로 정의하면 문법의 언어를 기술하고 산출하는 언어모델을 구성한다고 할 수 있다. 하지만 촘스키는 이 모델로 자연언어의 모든 문장을 생성해내긴 힘들다고 생각한다. 자연언어의 묘사에 적용된 분포주의처럼 구조주의자들의 문법 또한 구절문법의 형식적인 한계를 보여준다. 1950년대 초반 미국의 학문적 흐름은 인간 행동을 이해하려는 새로운 기술과학 쪽으로 방향을 잡았고 실제 비약적으로 상승하는 시기였다. 또 인공지능, 통신에 관한 수학이론, 두뇌학 등이 유행했으며 과학자들은 이를 응용하기 바빴다. 이러한 흐름 속에서 촘스키는 수학적 형식의 과학성, 그리고 기술성의 기호라 할 수 있는 새로운 문법이론을 만들었다. 이는 행동주의적 경향을 거부하면서 인간언어의 본질을 새롭게 분석하고자 하는 의도였다.

> 나 자신을 포함한 일부 사람들이 이런 사태의 전개를 어느
> 정도 걱정했는데 일정 부분은 정치적인 이유에서 나온 것이
> 다. 적어도 내가 걱정한 이유는 이 개념들이 갖고 있는 거대
> 한 복합체가 잠재적으로 매우 위험한 정치적 조류, 즉 인간
> 본성에 대한 행동주의적 개념들과 결부된 조작주의적 정치
> 행태와 연결된 것으로 보였기 때문이다.
> — 노암 촘스키, 『언어와 정치학』, 1988.

촘스키는 통사론이야말로 형식적인 연구대상이고, 각 언어의 통사구조가 비슷하다는 것을 보여주기 위해 주어진 언어의 통사구조를 과학적으로 연구해야 한다고 주장한다. 다시 말해 한 언어의 묘사는 의미를 제외하고[8] 그 언어에 속하는 상징

사이의 관계(변별자질, 음소, 형태소, 구 등)를 묘사한다면 형식적이라는 것이다. 이러한 묘사는 논리의 인공언어나 혹은 계산기처럼 자연언어에도 적용된다. 이와 같은 관점이 생성문법과 계산이론 사이에 존재하는 공통점일 수 있다. 결국 초기의 변형생성문법이라 함은 어떤 주어진 일련의 문장들을 기술의 대상이 되는 언어를 구성하는 더 큰 문장들, 혹은 거의 무한한 문장들의 집합 속에 투사하는 문법을 일컫는 것이 된다. 이런 속성과 더불어 변형생성문법은 인간언어의 창조적인 양상까지 반영할 수 있어야 한다. 촘스키는 언어이론이 실제 행동의 밑바닥에 내재된 정신적 실재를 찾는 것이기 때문에 언어는 결국 행동주의적인 특성을 가질 수 없음을 강조한다. 언어이론의 방법은 기술적인 방식에 한정된 것이 아니라 인간 내면에 깔려 있는 정신적 실재의 원리를 찾아내어 과학적으로 설명해야 한다는 것이다. 그러므로 변형생성문법에는 형식적 의미와 문법의 규칙들이 운용되는 조건, 이 두 가지가 모두 정확히 명시되어야 한다. 구조주의를 포함한 분포주의와 촘스키의 언어관을 비교해 보면 보다 쉽게 이해할 수 있을 것이다(도표 참조).

	구조주의·분포주의	변형생성문법
목표	수집한 자료들을 분석하고 기술	언어현상을 지배하는 원리 추구
방법론	분석적 귀납적 방법, 발견절차	종합적, 연역적 방법, 설명적 절차
사상	언어의 후천적 습관 형성, 경험주의	언어의 선천성, 이성주의

분포주의와 촘스키의 언어관 비교.

촘스키는 소쉬르나 블룸필드의 언어분석 방법이 너무 제한되어 있어 인간언어의 본질을 파악하는 데 부적절하다고 한다. 오히려 같은 시기 언어학계의 주목을 상대적으로 덜 받았던 덴마크의 언어학자 오토 예스퍼슨(O. Jespersen, 1860-1943)의 언어관이 훨씬 더 중요한 개념을 갖고 있다는 것이다. 촘스키에 따르면 예스퍼슨은 정신 속에 언어의 생득적 구조가 있다는 개념을 정식화하여 20세기에도 이성주의 전통을 계승하는 인물로 묘사한다. 그리고 촘스키 자신도 그런 생득적 구조가 개인적 속성으로서의 언어 사용과 자유표현의 기초가 되는 것으로 간주한다.

결국 촘스키의 '언어학적 혁명'이라는 말은 언어학뿐만 아니라 미국식 학문 전통에서 인간 이성의 부활과 과학적인 설명성의 원리를 알리는 관점이 제기되면서 이루어졌다 할 수 있다. 그리고 이는 스키너(B.F. Skinner)의 행동주의 이론을 반박하는 글에서 처음으로 제기되었다. 1959년 촘스키는 스키너의 저서『언어 행동』에 대한 서평을 통해 당시 지배적이었던 행동주의 심리학을 비판한다. 스키너는 언어의 내적 상태에 대한 어떤 가정도 거부한다. 그리고 인간 행동을 전적으로 앞서 겪은 일들의 함수로 간주한다. 스키너의 이러한 설명을 통해 촘스키는 인간 행동을 조건·반사로 전락시키는 것이 실제로 존재하는 의식의 복잡성과 자유에 반하는 것으로 생각한다. 요약하면 언어 행동을 설명하기 위해 외부적 조건들을 조사하는 것은 전혀 과학적인 근거가 없는 도그마에 불과할 뿐이라는 것이다. 이에 대한 견해를 라파엘 샐키(R. Salkie)는 다음과 같이 설명하고 있다.

영어 화자들의 언어에 일정한 규칙이 있다는 사실을 설명하려 한다면 외부 환경과 영어 화자가 갖고 있는 내적인 구조, 다시 말해 영어에 대한 그들의 지식을 살펴보아야 한다. 또 영어 화자들이 어떻게 영어에 대한 지식을 습득하는지 알고자 한다면 그들의 타고난 지식, 유전적으로 결정된 변화, 경험에 기인한 변화들을 고려할 필요가 있다. 처음부터 이런 요소들이 무관하다고 주장하는 것은 독단적인 도그마에 불과한 것으로 과학의 영역에서는 설 자리가 없다.
– 라파엘 샐키, 『촘스키 업데이트 : 언어학과 정치학』, 1990.

그러므로 언어를 습득하는 어린이들은 백지 상태(tabula rasa)로 태어나는 것이 아니라 오히려 지식을 얻는 기본 유전 체계를 선천적으로 갖고 태어난다는 것이 촘스키의 생각이다. 촘스키는 분포주의자의 형식적인 묘사와 엄격성을 요구하는 일에 충실했다. 왜냐하면 엄밀한 의미에서의 형식문법이라는 것은 변형의 조작이 개입되지 않기 때문이다. 이런 사실로부터 촘스키는 전승자들의 연구특성을 어느 정도 유지하고 있다고 볼 수 있다. 따라서 촘스키 이론의 근원은 분포주의 흐름에서 찾을 수 있고 그것은 미국식 구조주의의 범주를 벗어나지 못한다.[9] 하지만 촘스키는 1959년 스키너에 대한 서평, 그리고 『통사이론의 제양상(1965)』 『데카르트 언어학(1966)』 『정신과 언어 (1967)』를 통해 언어의 심리학적이고 철학적인 근원을 찾으려 한다. 그리고 언어능력의 개념, 표층구조와 심층구조의 구분, 보편성, 선천성과 같은 존재론적 기반이 되는 개념들을 도입한다. 변형생성문법은 이제 상대적으로 형식적인 과정을 축소시켜가며 새로운 모델로의 전환점을 모색하게 되고 촘스키 스스로도 플라톤과 데카르트의 후예임을 자처하여 언어의 정신주의적 접근을 하게 된다. 촘스키의 이론은 정신주의를 통해 추상성의 맥락에서 연구된 정신·뇌의 연구를 추구하면서 인지이론의 한 단계를 구성해 간다.

바로 이와 같은 요소가 구조주의와의 단절을 이루는 지점이며 우리는 이를 통해 촘스키 언어학의 혁명을 말할 수 있게 된다. 또 여기서 우리는 촘스키와 그의 전승자들 간의 차이점을 엿볼 수 있다. 형식과학의 범주에서 촘스키가 전승자의 엄격함과 정확성에 관한 사고를 공유했다 할지라도 그의 정신연구에 관한 접근은 전승자들의 사고와는 명백히 다른 관점을 보인다. 촘스키에게 필요한 것은 관점의 근본적인 변경이었다. 초기목표에 새로운 요소들이 첨가되면서 촘스키의 이론은 발전을 시작했다. 그리고 정적인 상태가 아닌 동적인 상태로 끊임없이 변하여 움직이게 된다. 예를 들어 1965년을 전후하는 표준이론(Standard Theory), 1970년대 중반까지의 확대표준이론(Extended Standard Theory), 1980년대의 수정확대표준이론(Revised Extended Standard Theory) 및 지배결속이론 (Government and Binding Theory),

1990년대 이후의 최소주의 프로그램(Minimalist program) 등은 촘스키가 줄기차게 주창해온 이론이 경험과학의 틀 속에서 반증을 통해 새로운 가설로 이루어지고 있음을 증명한다. 이런 견해는 촘스키의 초기 저서들과 후기 저술 간에 변경과 수정을 거듭하면서 이루어진다. 초기 이론에서 현재 이론까지 시기별로 제시된 모델들의 변화를 요약해보면 다음과 같다.[10]

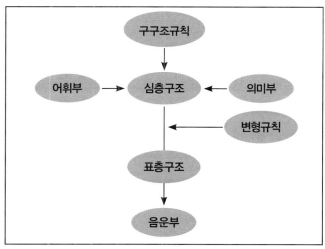

[표1] 표준이론(1960년대)

표준이론의 기본 발상은 다음과 같다. 인간은 머릿속에 '어휘부'라는 사전을 갖고 있다. 이곳에서 필요한 단어를 선택한 뒤 생성규칙(구구조규칙)을 통해 문장을 만들어낸다. 이 문장을 '기저문장'이라 하며 그 다음 변형규칙(이동, 삭제, 대치 규칙 등)을 통해 여러 변이된 문장을 표층구조로 산출해낸다. 이와 같은 일련의 문장형성과정을 '통사부'라 부른다. 이 표준이론은 매우 간결한 이론으로 '최소의 수단으로 최대 효과'를 거둘 수 있는 문법 이론을 구축하고자 한 촘스키의 야망이며 이 모델에 합당한 과정을 도출할 수 있는 문장을 형성하기 위해서는 강력한 설명력을 가진 문법이론을 구축할 필요가 있다. 그리고 이러한 필요성은 최근까지도 촘스키 이론에 꾸준히 반영되고 있다.

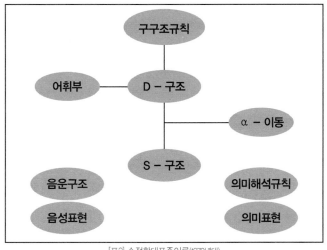

[표2] 수정확대표준이론(1970년대)

수정확대표준이론의 기본 발상은 표준이론은 물론 확대표준이론을 수정 변경한 데서 시작한다. 이 모델에서는 구구조규칙과 어휘부가 어우러져 'D-구조'가 도출되고 여기에 변형규칙이 적용되어 'S-구조'가 생성되는데 이 부분이 통사부문에 속한다. 표준이론에서의 심층구조는 위 모델에서 'D-구조'와 'S-구조'로 분리되었고, 이 'S-구조'는 'D-구조'에 변형규칙이 적용되어 도출된다. 그러나 변형규칙이 적용된 후에도 심층구조의 모든 속성을 유지할 수 있도록 '흔적'과 같은 '공범주(Empty category)'를 내포하고 있다는 점에서 이전 표층구조보다 훨씬 추상적이게 된다.

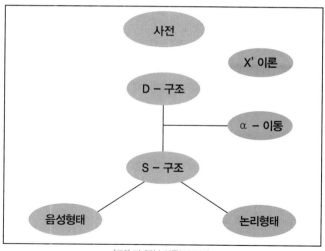

[표3] 지배결속이론(1980년대)

GB(지배결속, Government and Binding)이론의 핵심은 보편문법의 구현에 있다. 이는 한 개인이 초기 언어자료에 반응하고 이를 바탕으로 자료를 구성하는 능력이라 할 수 있다. 소쉬르식 언어의 사회학적 측면과 완전히 결별하려는 의도가 확연히 드러나며 언어학이 인간의 생물학적 특성을 구성하는 한 실재를 탐구하는 학문이란 의미를 강하게 담고 있다. 또 GB는 초기의 변형생성문법과 체계가 다르다. 초기 변형생성문법은 언어에 대한 지식을 '규칙의 집합'으로 보았던 반면 GB는 '원리의 집합'으로 보고 있다. '원리의 집합'에 초기 언어 자료가 주어지면 일정한 '매개변항(Parameter)'이 구성된다. '원리'는 인간의 선천적 언어능력이며 '매개변항'은 언어능력이 자료에 대해 활동한 결과로 초기에는 없던 것이다. 변형생성문법의 성공여부는 이 보편문법의 원리를 얼마나 명시적으로 구명할 수 있는가에 달려 있다 할 수 있다. 보편문법의 원리들은 자율적으로 활동하며 상호 교류한다. 다시 말해 개별원리들은 다른 원리들의 활동에 제약을 가하면서 동시에 다른 원리들의 활동에 의존하는데 이를 '문법의 조합'이라고 한다. 조합문법의 원리는 다음과 같다.[11]

1. X'이론
2. 의미역이론
3. 격이론
4. 지배이론

5. 결속이론

6. 통제이론

7. 한계이론

8. 투사원리

9. 공범주원리

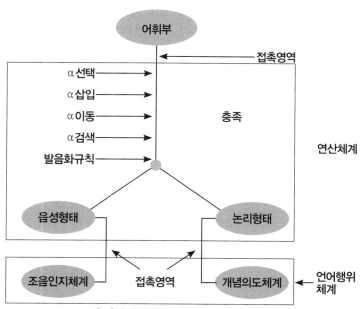

[표4] 최소주의 프로그램(1990년대)

최소주의 프로그램(Minimalist program)은 촘스키는 물론 그를 추종하거나 그의 이론에 반대했던 내용들을 보완하고 설명력을 극대화시키는 데 목적이 있다. 앞서 언급한 변형생성문법의 초기 이론과 현재 이론 간의 양립불가능성은 물론 언어에 대한 최적의 모델을 제시하고자 한 것이다. 특히 논란의 대상이었던 'D구조'와 'S구조'가 산술적 개념을 내포하는 '연산과정'으로 대체되었다. 이는 어휘부에서 α선택으로 연산체계에 입력된 모든 어휘항목이 최소 X'구조를 충족시키면서 자동 투사되는데 이를 '충족'이라 부른다. 이 과정은 초기의 일반화된 변형에 의해 보완된다.[12] 이후 계속되는 연산과정을 거쳐 음성형태와 논리형태에 이르게 된다. 최소주의 프로그램의 연산과정은 그동안 변형생성문법에서 소홀히 한 형태론적 속성에 기반을 두며 GB이론에서 나타난 가설들을 축소시켜 설명력을 극대화한다. 보편문법을 구축하려는 촘스키의 의지를 엿보게 하는 대목이다.

촘스키는 인간언어에 대한 보편성을 연구하는 것이 중요하다는 주장을 펼쳤고, 그의 이러한 주장은 언어학에 대한 일반인의 관심을 자아내어 획기적인 '혁명'을 일으킨 것으로 간주된다. 샘슨(G. Sampson)이 그의 저서 『School of linguistic(1980)』에서 강조했듯이 변형생성문법은 철학이나 심리학과 같은 학문을 연구하는 학자들의 많은 관심을 이끌어냈다. 그리고 촘스키 이전과 전혀 다른 방식으로 대중들의 관심을 끌어냈다는 측면에서 주목받을 필요가 있다. 촘스키는 모든 세계 언어가 공통의 유형으로 나뉜다는 사실에 대한 설명을 하면서 인간의 내재적인 구조가 인간으로 하여금 특정한 유형의 언어를 사용하도록 만든다고 주장한다. 그 결과 변형생성문법의 개념 또한 보편문법을 구축하려는 이론으로 변하게 되며 촘스키는 언어학 전통에서 존재론적 위상에 대한 입장을 최초로 밝힌 인물로 많은 사람들의 관심을 끌게 된다.

이성주의 언어학과 보편문법

촘스키는 스키너의 행동주의를 비판하면서 1960년대 들어 그 어느 때보다 자신의 언어학의 근간이 될 수 있는 요소들을 언급한다. 뿐만 아니라 이론 내적인 수정작업을 거치면서 인간 언어의 표준모델을 제시하고 오랫동안 논쟁의 대상이었던 경험주의와 이성주의를 언어학의 장으로 끌어들였다.

촘스키는 어린아이들의 언어 습득과정을 설명하면서 "모국어 화자로서의 어린아이는 어떻게 이전에 들어보지도 못한 문장을 생성해내고 이해할 수 있는가?"라고 묻는다. 그리고 그것이 인간의 선천적 언어습득 능력이나 본유적 관념에서 나온 것이라고 말한다. 촘스키는 언어 습득에 관하여 경험론적 설명으로는 충분하지 않다고 보고 인간의 언어구조를 지배하는 보편원리의 선천적 지식이 그 부족한 부분을 보충할 수 있다고 본다. 보편원리는 이른바 정신의 일부로 두뇌 작용의 구조나 양식에 나타나 있으며, 데카르트의 '본유관념(Innate idea)'이나 플라톤까지 거슬러 올라가는 합리주의 전통과 맞물릴 수 있다. 여기에 촘스키가 언어학의 지평을 확장시키면서 동시에 지성사의 또 다른 영역에 도달하려는 의지를 엿볼 수 있다.[13]

표준모델의 주 내용을 이루는 『통사이론의 제양상』에서 촘스키는 완벽하게 동질적인 언어 공동체의 이상적 청자와 화자가 언어이론을 연구하는 데 중심이 된다고 말한다. 여기에서 이상적 화청자는 그 언어(한 사회의 언어)를 완벽하게 알고 있으며 그 언어에 대한 자신의 지식을 실제 언어 수행에 적용할 때 기억의 한계나 착각, 주의력과 관심의 이동, 실수 등과 같은 문법적으로 부적절한 조건들에 영향을 받지 않는 사람을 의미한다. 이에 따라 소쉬르가 '랑그(langue: 사회 관습적인 의사소통 체계로서의 언어)'와 '빠롤(parole: 특정한 개인에 의해 특정 장소에서 실제로 발음되는 언어의 측면)'을 이항대립 관계로 본 것처럼 촘스키는 '언어능력(Competence: 해당어에 대한 화자와 청자의 언어지식)'과 '언어수행(Performance: 구체적 상황에서 사용되는 실제 언어)'을 구분하고 이상화된 조건 하에서만 언어수행이 언어능력을 직접적으로 반영한다고 설명한다. 그러면서 "한 언어의 문법은 이상적인 화자와 청자의 내재적 언어능력을 기술할 것을 목적으로 한다."고 기술하고 있다(『통사이론의 제양상』, p.4). 『데카르트 언어학(1966)』에서는 이에 대한 철학적 관점을 더 분명히 하고 발전시키고 있다.

상당한 논쟁을 야기한 이 책을 통해 촘스키는 그동안 언어학계에서 해오던 방식과는 다른 새로운 명제들을 제시한다.

> 기본 목표는 생성문법의 연구와 그것의 파급효과에 관계된 사람들에게 그들의 관심사와 문제에 관련이 있고, 그들의 특정한 결론을 예측해줄 수도 있는 무명의 저서를 소개하는 것이었다.
> — 노암 촘스키, 『데카르트 언어학』, 1966.

　촘스키는 자신의 지식의 근원을 찾는 데 있어 17세기와 18세기 데카르트와 훔볼트의 학문적 성과에 주목했다. 하지만 오늘날 촘스키의 이성주의(혹은 정신주의)에 대한 입장은 거의 언급되지 않고 주로 초기 저작에서만 파악되고 있다. 촘스키는 이성주의 언어학을 견지하긴 하지만 그렇다고 반드시 데카르트식의 이원론에 천착하지는 않는다. 데카르트는 육체와 정신을 엄격하게 구분했으며, 육체의 생리적 기능과 작용은 정신의 활동과 달리 물질계의 나머지 것들처럼 기계적 혹은 물리적 법칙의 지배를 받는 것이라고 생각했다. 촘스키는 통상적으로 말하는 기계론에 반대하고 있었던 것이다. 자신이 '정신주의자'라고 할 때의 의미는 기계적 결정론, 특히 행동주의에 반대되는 개념으로 쓴 것이며 플라톤이나 데카르트 등의 철학자들과 대조되는 개념으로 그를 '물리주의자(Physicalist)'라고도 부르게 된다. 이런 맥락에서 촘스키가 사용하는 '정신주의'라는 의미는 각 시기

마다 조금씩 다르게 나타난다. 그것은 자신의 이론에 대한 믿음, 내외부에서의 이론에 대한 도전, 진행 중인 인간 혹은 자연과학의 발전 정도에 따라 변화되었기 때문이다. 그렇기 때문에 그의 언어이론을 일종의 '연구프로그램'으로 부를 수 있는 것이며, 이성주의를 자처하는 그의 논거가 스스로 생각하는 만큼 강력하지 못하여 외부의 비판을 받는 측면도 있는 것이다. 그의 이성주의적 언어관이 시기에 따라 어떻게 변화됐는지 조금 더 살펴보자.

언어에 대한 촘스키의 생각이 어떻든 간에 그의 변형생성문법이 형식화하고자 하는 것은 언어의 본질적인 부분이다. 촘스키는 이상적인 화자와 청자가 갖고 있는 지식을 나타내는 것이 '(과학적인) 문법'이라고 생각하기 때문에 다음과 같이 주장하였다.

> 정신은 구조면에서 우리가 알고 있는 어떤 신체 기관보다 더 단순해야 하며, 가장 단순한 가정도 관찰 가능한 모든 현상들을 충분히 설명할 수 있어야 한다.
>
> — 노암 촘스키, 『언어와 정신』, 1968.

초기에 언급된 '언어능력'과 '언어수행' 개념은 『언어에 대한 지식(1986)』에서는 '내적언어(Internal-language)'와 '외적언어(External-language)'로 구분된다. 언어보다 문법에 자율성을 부여하면서 촘스키는 문법의 과학적인 연구를 뛰어넘어 문법을 자율적인 분야로 연구할 수 있는 것으로 인식한다. 그러므로 완벽한 문법이란 규칙들의 집합이며 이 규칙들이 언어를 생성한다는 논지를 전개해간다. 이러한 논지에 따라 문법을 이성적 탐구 대상으로 만들기 위해 언어에 존재하는 다양성과 차이는 과학적 문법의 고려 대상에 포함될 수 없다. 이상화된 동질적 언어 공동체 안에서는 언어에 대한 지식이 동일한 모습으로 각 개인의 마음에 표시될 수 있다. 여기에서 언어는 흔히 말하는 단어나 기호의 의미가 아닌 '문법'이 된다.

데카르트의 이성주의를 현대의 과학적 관점에서 받아들인 촘스키는 언어와 정신의 문제를 생물학적 연구 방식과 흡사한 것으로 생각하고 우리의 인지적인 언어는 '정신기관(Mental organ)'과 상응하는 것으로 생각한다. 따라서 이 정신기관을 작동케 하는 구조적 원리가 무엇이고 이 체계의 기능이 무엇인가를 밝히는 작업이 중요시된다. 촘스키에게 언어학과 심리학, 철학은 더 이상 별개의 학문이 아닌 통합적인 학문으로 간주될 수 있는 것이다.

촘스키는 인간언어가 일관된 방식으로 사용할 수 있는 능력, 즉 '선천성'과 '창의성'이라는 이성주의 언어학의 중요한 요소를 자신의 이론 내부로 끌어들인다. 예를 들어 인간에게는 기계적인 근거만으로는 설명할 수 없는 고유한 능력이 있는데 촘스키는 이를 동물언어와 인간언어의 차이점에서 명백히 볼 수 있다고 한다. 데카르트 언어학에서 촘스키가 주목하는 개념은 아무리 지능이 높은 동물을 훈련시켜 다양한 일과 재주를 수행하게 만든다 할지라도 인간의 언어 능력을 따라오는 데 있어서는 아주 초보적인 수준에도 미치지 못한다는 것이다.

> 대단히 놀라운 사실이다. 아무리 저급하고 어리석은 사람이라도, 심지어 바보조차도 자신의 생각을 표현하기 위한 수단으로 여러 개의 단어를 연결시켜 하나의 문장을 만들어낸다. 반면 아무리 완벽하고 유리한 환경에 있는 동물일지라도 결코 이런 일을 할 수 없다.
>   - 노암 촘스키, 『데카르트 언어학』, 1966.

인간은 인간 이외의 영장류, 예를 들어 침팬지의 경우를 예로 들어 학습을 통한 언어능력을 꾸준히 실험해왔다. 이에 따라 이 동물이 언어를 창조적으로 사용하는 데 필요한 생리학적 특성과 일반적 지능을 가질 수도 있다는 부분적인 가설을 제기했지만 인간이 갖고 있는 언어능력과는 비교할 수 없는 결여 현상을 보인다는 결론에 도달했다.

그렇다면 어린아이들은 어떤 방식으로 언어를 습득하는가? 촘스키는 언어습득을 타고난 능력의 발현으로 간주한다. 그리고 이는 인간이 생득적으로 갖고 태어난 '언어습득장치(Language Acquisition Device)' 때문이라고 본다. 어린아이를 비롯한 거의 모든 인간은 지능이나 동기, 정서적 상태에 구애받지 않고 일정한 언어권에 노출되기만 하면 복잡하고 추상적인 언어를 별 무리 없이 습득할 수 있다는 것이다. 즉 한국어에 노출된 어린아이가 한국어의 문법구조를 익히고, 영어나 프랑스어 등 특정 언어에 노출된 어린아이가 해당언어를 신속하면서도 규칙적으로 습득할 수 있다는 이야기다. 언어습득의 '선천성'은 모든 인간이 언어능력을 타고 났다는 가설에서 나온다. 이러한 면에서 촘스키가 언어의 보편성을 찾는 일은 당연한 일이다. 습득 가능한 언어만이 선천적으로 결정되어 있는 원리와 부합한다는 점을 확인함으로써 '언어습득장치'는 보편문법의 존재를 보증해준다. 이제 언어능력에 관한 촘스키의 관심은 보편문법의 속성이 무엇인가를 찾는 데 있지, 개별 언어에 존재하는 상이한 언어지식에 있지 않다. 그로 인해 경험주의자들이 말하는 감각으로부터의 관념, 세대에서 세대로 전달되어 배우는 경험적 지식, 인간 사이의 의사소통을 통해 습득되는 방식은 중요하지 않게 된다.

오늘날의 촘스키 언어이론은 초기 모델을 근거로 하지 않고 상당 부분 '지배결속(GB)'이론 이후의 모델을 지표로 삼고 있다. 이 모델에서 촘스키는 '언어습득장치'에 관해 원리와 '매개변항(Parameter)'이란 개념을 제시한다. 원리 개념은 상대적으로 새로운 개념은 아니다. 촘스키는 변형의 다양한 원리를 제시하며 초기부터 이에 대한 관점을 수정·발전시켜갔기 때문이다. 반면 '매개변항' 개념은 상대적으로 새로운 개념이고 보편문법 이론을 주장하는 데 있어 절대적으로 필요한 개념이다. 왜냐하면 보편문법은 유전적으로 전달되는 조합적 기능을 이루기 때문이다. '매개변항' 이론은 '유표성(Markedness)'이라는 하위 이론과 결합하여 '핵심문법(Core grammar)'의 습득을 결정하고 또한 핵심문법의 '주변요소(Periphery)'로의 확대를 결정한다. 보편문법의 원리들은 '매개변항'과 연결되어 있으며 이 매개변항은 언어 습득과정에서 여러 가능한 '값(Value)' 가운데 하나로 설정될 수 있다. 그리고 이러한 각각의 '값'은 어느 하나의 특정한 유형적 자질을 선택할 수 있다. 예를 들어 영어나 프랑스어처럼 고정된 어순을 가진 언어, 스페인어나 이태리어처럼 자유로운 어순을 가진 언어가 있을 수 있는데 인간은 이 두 개의 어순 가운데 하나를 스스로 선택할 수 있다. 이를 통해 주어진 언어의 굴절체계 원리, 대명사의 원리, 격의 원리 등을 서로 통합할 수 있기에 인간언어는 궁극적으로 '정신기관'으로 정의할 수 있게 된다. 이상적으로 상호 작용하는 이 원리들은 큰 부류의 가능한 언어로부터 더 많고 작은 하류 부류의 가능한 핵심어를 선택할 수 있다. 그리고 이 핵심어는 구조적으로 일관되고 응집력이 있다고 말할 수 있다.

이를 통해 우리는 촘스키의 관심이 언어에 대한 일반적인 문제가 아니라 '문법'에 있음을 확인할 수 있다. 1990년대 이후 촘스키는 오직 조합적 '문법'만이 현실적이라고 피력한다. 그리고 구조주의에서 말하는 언어는 파생적이며 부수적인 것, 혹은 흥미롭지 못한 것으로 간주한다. 하지만 이런 식의 연구방식이 결국 그의 언어학적 관점을 더 추상적인 이론화, 물리주의적 관점, 과학적인 연구프로그램의 모습 등으로 더 선명하게 드러낸다.

촘스키가 주장하는 언어학의 이성주의에 대한 또 다른 특성은 '창의성(Creativity)'이다. 이는 무한한 문장을 생성할 수 있다는 의미로 초기에 사용된 '귀환성(Recursivity)'과 관련지어 생각할 수 있는 문제이며 정상적인 환경에 살고 있는 사람이면 누구나 자유롭게 문장을 만들어낸다는 생각에서 연유된다. 즉 인간이 생성할 수 있는 언어는 무한하지만 문법 자체는 유한하다는 사고이다. 따라서 문법규칙들은 반복 적용되고 이를 통해 수많은 문장들이 생성된다고 할 수 있다. 어떤 면에서 문법체계는 초월적 근거를 담고 있는 절대자처럼 견고하다. 인간은 상황에 따라 언어를 어떻게 사용하는지 알고 있으며 경우에 따라 새로운 문장을 창조하고 이해할 수 있다. 언어 사용의 '창조성'은 바로 이런 관점에 위치해 있다. 촘스키에게 보편문법에 근거를 둔 한 언어의 '문법'은 규칙이나 원리들의 집합이며 이 규칙들이 언어를 생성해낸다.

이성주의적 언어관에 근거한 변형생성문법은 이제 '지식 체계에 관한 이론'으로 전환한다. 즉 '특정 언어를 말하고 이해하는 사람들의 머릿속에 들어 있는 지식체계는 무엇인가?' 혹은 '화자들이 터득하여 알고 있는 언어를 구성하는 것은 무엇인가?'에 관한 이론이 '생성문법'임을 규정한다(『언어에 대한 지식』, 1986). 이제 기술적인 부분에서 시작한 변형생성문법은 지식의 이론체계, 모국어 습득의 생득적인 능력의 문제로 새롭게 규정됨과 동시에 보편문법에 대한 이론적 준거를 마련할 필요성이 생긴다. 이러한 면에서 촘스키가 데카르트와 플라톤까지 거슬러 올라간 것은 당연한 일이다.

촘스키의 이성주의 언어학은 인간 내면에 존재하는 언어구조, 정신기관으로 기능하고 있는 인간언어의 내면적 모습인 보편문법의 구조를 그려내는 데 초점을 둔다. 초기에 그려진 다양한 변형규칙들은 이후 간단하고 단일한 변형이론(GB에서의 'α-이동'과 같이)에 의해 통일되고, 궁극적으로 보편문법의 가설은 인간언어 사이에 별다른 차이가 존재하지 않음을 설정하게 된다. 촘스키는 인간에 대한 다양성보다 인류에게 공통된 내재적 과정으로 단 한 가지 언어 모델이 존재할 수 있음을 증명해간다. 촘스키가 자신의 책『데카르트 언어학』에서 내세운 보편성에 대한 논쟁은 1660년 뽀르루아얄(Port-Royal) 문법에 의존하여 이후 궁극적으로 '내적 언어'의 기술을 추구한다. 불변하는 언어능력의 원리들, 그런 원리들이 허용하는 변이의 범위를 추구하는 보편문법은 궁극적으로는 생물학, 혹은 인지심리학의 일부를 이룰 수 있게 된다.

'선천성'과 관계된 보편문법은 '문법'이 아니라 하나의 '상태(State)'이다. 촘스키는 인간의 생물학적 구성 중 언어를 관장하는 특정 부분이 있는데 이것이 언어능력이며, 보편문법은 그런 언어능력의 최초 상태를 일컫는다고 말한다. 어린아이에게 유용 가능한 종류의 증거가 주어질 때 이 최초의 언어능력은 개별 언어를 산출할 수 있도록 한다. 이러한 체계를 다루는 이론, 즉 언어습득장치의 최초 상태에 관한 이론을 촘스키는 '보편문법'이라 부른다.

변형생성문법을 지식의 문제로 만들려는 촘스키는 1980년대 후반 '플라톤의 문제'를 제기하면서 존재론적 위상을 더욱 강화시킨다. 백지 상태의 인간은 자신이 알고 있는 지식이 상당히 제한적임에도 불구하고 어떻게 그토록 많은 것을 알 수 있는가? 플라톤은 어떤 지식이라는 것이 우리 정신의 이전 상태 덕분에 타고나는 부분이라고 말한다. 그런 경우 우리가 '습득'이라고 부르는 것은 이전에 알고 있는 것의 상기 또는 회상의 문제에 해당된다고 한다. 또 플라톤의 『메논(Menon)』에서 소크라테스가 적절한 유도 질문을 통해 노예 소년이 수학 지식을 '상기'하는 것을 거들어 주었다는 내용을 인용한다. 촘스키는 플라톤처럼 이 문제를 단순한 지식 문제로 국한시키지 않고 언어의 문제도 동일하다고 본다. 촘스키가 1960년대 이후 자신의 언어이론을 부단히 변화시켜왔음에도 불구하고 굳게 지켜온 것이 하나 있는데 그것은 인간이 선천적으로 언어습득 능력을 타고난다는 가설이다. 그리고 현대에 와서 그것은 '플라톤의 문제'로 귀결된다.

이런 의미에서 촘스키는 초월성을 담아내려는 서구형이상학 전통과 맥을 같이 하면서 데카르트처럼 플라톤의 합리론을 철저하게 현대적으로 재해석하고 있다. 즉 인간의 유전적 전달 및 환경에 의해 촉발된 성장, 그리고 성숙의 유기적 과정이 상기와 회상의 플라톤적 가정을 대체할 수 있다고 보는 것이다. 촘스키는 현대 과학이 이를 검증 가능한 가설로 확인시켜줄 수 있다고 한다. 여기에서 촘스키의 순수 이성주의적 언어관이 경험과학의 방법론으로 전이된다고 볼 수 있다. 바로 이 점이 고전기 이성주의 언어학과 촘스키식 이성주의 언어학의 가장 큰 차이점이다.

언어학에서의 갈릴레오식 연구방법

촘스키와 그의 추종자들이 인간언어의 구조적 속성에 대해 가장 줄기차게 주장하는 것은 언어의 '조합성(Modularity)'이다. 일반적으로 '조합'[14]이라는 말은 포더(J. Fodor)와 같은 심리학자들이 많이 이용한 개념으로, 그것이 구조적으로 또는 기능적으로 구별되고 다소간은 독립적이지만 상호보완 작용하거나 서로 연결되어 여러 개의 모듈로 이루어졌음을 말한다. 이런 언어의 조합성을 잘 나타내주고 있는 촘스키의 이론이 바로 'GB'이론이다. 이 이론의 직접적인 결과는 촘스키가 데카르트의 이원론적 접근을 근본적으로 거부하면서 정신과 두뇌의 일원론적 접근을 선호한 데서 나타난다. 촘스키는 정신기관으로의 언어를 연구하는 분야로 언어학을 인식하고, 나아가 과학심리학, 생물학과의 연계성을 주장한다. 인간의 언어능력은 결국 간이나 심장, 위 등과 마찬가지로 생물학적으로 결정된 기계적 메커니즘에 따라 인간이라는 정신·육체의 유기체 안에서 성장 혹은 성숙하는 기관으로 기술되어야 한다는 것이다. 또 넓은 의미에서 엄격한 자연과학적 방법론을 추구하면서 기계론적 세계관에 입각하여 설명력을 끌어낼 수 있는 이론을 만들어야 한다.

> 저는 언제나 이론을 연구합니다. 그러나 '이론'이라는 단어를 남용해서는 안 됩니다. 자신이 갖고 있는 몇 가지 불확실한 원리에서 연구할 가치가 있는 일부 현상들을 탁월하게 설명하고 결론을 도출해낼 수 있다면 이론을 갖고 있다고 할 수 있습니다. 하지만 이론을 갖는다는 건 정말 어려운 일입니다. 자연과학 부문에서 주로 이론을 이끌어냈지요. 다른 영역에서도 일부 있었고요.
> — 촘스키&바사미언, 『프로파간다와 여론』, 2002.

자연과학적 방법론은 설명적 지식(법칙이나 원리 등)을 통해 자연 현상을 하나의 방대한 기계임을 전제로 하는 인과적 설명, 이른바 '결정론적 형이상학'을 전제로 한다.[15] 이런 의미에서 촘스키는 엄격한 과학론자에 해당된다고 볼 수 있는데 그에게는 어떤 개별적인 이론을 추구하거나 설명하는 데 있어 그것을 뒷받침할 수 있는 정당한 설명이 필요하다. 여기서 '설명'은 언제나 연역적 논리 구조를 가지며 한 원리를 설명한다는 것은 그

무엇을 연역적으로 추리할 수 있는 원리나 원칙을 찾아냄을 말한다. 촘스키의 언어에 대한 사고방식은 법규적 설명 혹은 인과적 설명을 요구해가면서 결국 결정론적 형이상학과 같은 맥락을 추구하게 된다.

과학적 방식을 추구하는 촘스키는 언어학에 대한 환원주의적 관점을 채택한다.[16] 앞서 언급했듯이 언어학을 심리학의 일부, 심리학을 생물학의 일부로 규정한 것이 이를 의미하며 데카르트 언어학을 옹호하는 정신주의자인 촘스키가 오늘날 '물리주의자'로 그 자리를 대신하게 된 것도 이런 이유에서이다. 촘스키는 생물학을 포함한 자연과학에 대해 앞선 시대의 과학자들보다 더 추상적인 견해를 밝히고 있다.『규칙과 표상(1980)』부터 촘스키는 자신의 언어이론에 갈릴레오식 연구 방법(Galilean style)을 적용해간다.

> 나는 자연의 완벽함에 대한 갈릴레오의 이념이 어느 정도
> 모든 연구에서 하나의 추진력이라고 생각하지만 대부분의
> 영역에서는 이 추진력이 언어학에서만큼 탁월한 힘을 발휘
> 하지 못한다고 본다.
> 　　　　　　　　　　　- 노암 촘스키, 벨레티&리찌 엮음,
> 　　　　　　　　　　　　　　『자연과 언어에 대하여』, 2003.

보타(R.P.Botha)는 그의 책『Challenging Chomsky(1989)』에서 촘스키가 추구하고 있는 갈릴레오식 연구 방법의 주된 특징이

'추상화(Abstraction)'와 '이상화(Idealization)'에 있음을 언급하고 있는데 촘스키 또한 이에 대해 다음과 같이 언급하고 있다.

고도의 이상화를 시도하고 일반 감각의 세계보다 더 깊은 의미가 부여된 추상적인 이론 모형을 구축함으로써 그리고 설명되지 않는 현상이나 한정된 영역 안에서 어느 정도의 설명적 적합성을 성취한 이론적 건조물에 대하여 아직 설명되지 못한 반대 증거까지 기꺼이 용인함으로써 우리는 피상성을 뛰어넘는 학문적 진전을 기대할 수 있을 것인가?
– 노암 촘스키,『규칙과 표상』, 1980.

촘스키의 변형생성문법이 자연과학의 분석방법이나 과학철학의 방법론에 의존해 간결성과 설명성을 주창하는 것은 이렇듯 갈릴레오식 연구방식에 근간을 두고 있다. 이를 통해 과거 포괄적으로 생각해왔던 언어관이 눈에 띄게 축소되고 언어보다 통사론의 '자율성' 혹은 문법의 '자율성'을 더 추구하는 쪽으로 변한다. 과거 촘스키의 모델은 통사론에 우선성을 부여했다 할지라도 많은 형식언어(혹은 문법)를 연구하는 사람들로부터 긍정적인 평가를 받았다. 하지만 1980년대 이후 추구해온 그의 환원주의식 방법론은 언어학에서 그 의미에 대한 논쟁과 더불어 초기적 의미의 변형생성문법이 갈수록 촘스키만의 언어이론으로 퇴색해가고 있다는 느낌을 준다. 보편문법을 지향함과 동시에 설명성을 추구하려는 의도에서 언어의 다양성보다는 인간언어의 내면적 속성이 무엇인지를 밝히는 데 치중하기 때문이다. 그렇다면 촘스키식이 되어 버린 이론에서 추구하는 환원주의 방식이 무엇인지를 이론의 발전과정에서 나타난 한 사례를 통해 살펴보자.

예를 들어 1970년대 '하위인접원리(Subjacency principle)'는 언어의 문법적인 분석과 이전에 존재한 변형의 제약을 통합할 수 있다는 의미에서 설명적인 원리로 제시되었지만, 1980년대 GB이론을 설명하기에는 불충분하다. 그래서 촘스키는 좀 더 설명적이고 통합적인 모델을 만드는 일이 필요했다. 이는 촘스키가 변형생성문법의 초기에 생각했던 형식적 모델로서의 이론보다 더 설명적인 이론을 갖추는 데 주력하고 있음을 보여준다. 마치 일상에서 의식하지는 못하지만 산소와 기체의 발견, 기계 이론을 상정하는 일과 같은 것으로 촘스키가 문법이론을 기술하기 위해 문법입자 개념을 상정하는 일과도 같다. 문법과 기체라는 것이 우리 눈에 보이지는 않지만 그것들이 존재한다는 것을 알 수 있는데 이 모두가 추상적 이론에 속한다. 추상적 이론은 더 간단하면서도 설명력 있는 틀 속에서 보편문법을 합리화시킨다.[17] 초기의 수많은 '규칙체계'가 '원리체계'로 변화해가는 이유가 여기에 있다. '원리'는 한정된 자료체를 가지고 언어 현상의 자료체 전체를 설명하고 통합할 수 있는 특성을 갖는다. 촘스키에게 한정된 자료체는 인간이 언어에 대해 갖고 있는 '직감(Intuition)'이다.

언어이론의 추상화를 추구하려는 촘스키는 1970년대에 통합적인 원리로 '하위인접원리'를 제시하면서 관찰된 구조를 통해 일반화시킬 수 있다고 생각한다. 일반인들에게는 상당히 생소하고 난해한 이론적 내용이지만 촘스키 이론의 속성을 이해하기 위해서는 이 원리에 대한 설명이 필요할 것 같다. 한 예를 들자면 촘스키의 GB이론에서 '장벽이론(Barrier theory)'은 직접적으로 통사운동규칙, 즉 S구조에서 α운동 규칙에 관계된다(25p. 표 3 참조). 이 이론은 그들의 선행사로부터 흔적을 구별 지을 수 있는 거리를 정의하고 있다. GB이론 전에 다른 형태의 이름으로 알려져 있던 여러 가지 제약(예를 들어 WH-섬 제약, 복잡한 SN 제약 등)을 포섭한 '하위인접원리'는 이러한 이론의 주요 원리이다. 운동조작에 의해 만들어진 관계는 하나의 경계 이상을 넘을 수 있음을 배제한다.

'하위인접원리'는 촘스키(1977)에 의해 제기된 WH-이동의 일반화된 형식이다. 그것은 로스(T. Ross)가 제시한 복합명사구 제약, WH-섬 제약 등으로 나타난다(F.J. Newmeyer, 1986.). 복잡한 SN 제약은 어휘적 명사 핵을 갖는 명사구에 관할되는 문장으로부터 어떤 요소도 추출할 수 없음을 의미한다:

*18) [NP who] do you believe [NP the claim [S that Bill saw_]]
문장 주어 제약은 한 문장의 문장 주어로부터 어떤 요소도 추출될 수 없다:

*[NP what] [NP[S that John will eat_]] is likely
wh섬 제약은 wh에 의해 삽입된 명제로부터 어떤 요소도 이

동될 수 없다:

*what does he wonder where John put?

위에 제시된 도식에 대해 우리는 WH-이동이 뛰어넘을 수 있는 S나 NP 절점 수에 어떤 제한이 있는 것이 아닐까 하고 생각할 수 있다. 촘스키가 관찰한 것은 위의 문장들이 모두 비문법적이라는 것이다. 왜냐하면 위 문장들은 공통적으로 S와 NP 절점을 두 개 이상 넘고 있음으로 비문법적이라는 것이다. 이동 거리의 기준을 보통 '장벽'이라고 하는데, 영어의 경우는 그것의 절점이 S나 NP가 되며, 이를 어길 경우 비문법적인 문장이 된다. 촘스키는 이동이 아주 국부적이어야 하고 이동시 최대한도를 넘을 수 있는 경계 절점은 하나라고 말한다. 이와 같이 기존의 제약 조건을 통합하는 것이 '하위인접조건'이다. 다음과 같은 구조에서

...X...[α...[β...Y... (혹은...Y...]β...]α...X...)

α와 β가 한계 교점이면 X, Y는 어떤 규칙에 의해서도 연관될 수 없다.

이 '하위인접조건'으로 수많은 변형에 대한 제약을 도출해 낼 수 있으며 초기 가설에서 보다 구체화되는 언어이론의 내적 현상을 설명할 수 있다. 따라서 언어습득에 대한 설명적인 힘을 가지기 위해 이런 원리는 간결성으로 이르게 하는 통합

적이며 연역적인 힘을 지녀야 한다. 이전에 제시한 수많은 변형은 단 하나의 변형 'α-이동'에 의해 설명될 수 있다. 하지만 'α-이동'이나 '하위인접조건'과 같이 설명성을 추구하는 원리가 대안이 되는 것만으로는 충분치 못하다. 대안으로 제시된 이론이 전 이론보다 낫다는 사실을 보여주어야 하고 질적으로 새로운 자료체까지 통합해줄 수 있어야 한다. 이런 방식은 이후 이전 이론의 불충분함을 메우려는 GB이론이나 최소주의 프로그램에서도 잘 나타난다. 마찬가지로 현재 제시된 이론도 새로운 반례에 맞서 더 통합적인 설명을 해줄 수 있어야 한다. 이런 이유로 촘스키 이론은 환원주의적 모델을 채택하고 있으며 과학철학의 세련된 반증주의[19]를 채택하고 있다고 말할 수 있다. 촘스키는 이 원리가 채택된 이상화에 의해 유기체의 실제적인 구조의 중요한 요소를 포착할 수 있다고 주장한다. 우리가 정신기관을 가정하지 않는다면 화자에 의해 내재화된 원리를 발견하는 것은 불가능하다. 바로 이런 이유로 촘스키는 갈릴레오식의 연구방식을 빌어 심리학적인 실체가 될 수 있는 '문법'을 발견할 수 있다고 주장한다.

1990년대 이후 촘스키는 GB이론에서 가정되는 언어내적인 원리를 탐구하는 것은 물론 언어외적인 모습까지도 발전시키려는 의지를 보인다. 그리고 언어 고유의 특성뿐만 아니라 인간의 인지체계 내에서 차지하는 특성 때문에 갖게 되는 모습까지도 언어이론에서 고려한다.[20]

촘스키의 변형생성문법은 이렇게 다양한 형태를 취한다. 그는 수리논리학적 언어이론에서 출발했지만 언어의 이성주의를 부활시킴과 동시에 자연과학적인 연구 작업을 인간언어에 적용시키려고도 했다. 하지만 그가 추구한 다양한 관점에도 불구하고 변형생성문법은 인간언어를 설명할 때 여러 문제점과 결함을 보인다. 첫째, 그의 이론으로 설명할 수 없는 무수한 '예외(Exception)'가 있다는 것이다. 촘스키는 그 많은 언어에 존재하는 예외를 인정할 뿐 왜 예외가 되는지는 설명하지 못한다. 또 과학이 더 많은 발전을 이룬다면 언젠가 이러한 예외를 설명할 수 있을 지도 모른다는 촘스키의 말을 믿기에는 너무나 많은 예외가 존재한다. 둘째, 언어분석이 문장 단계에서만 이루어져 담화[21]나 다른 비언어적인 요소를 고려할 때 언어현상을 설명할 수 없다는 문제도 있다. 마지막으로 언어 변이(사회적 계급, 인종, 성별, 나이, 직업, 지역)[22]에 대한 설명은 인간언어에 있어 매우 중요한 부분임에도 불구하고 변형생성문법이 전혀 설명할 수 없는 부분이다. 촘스키가 일구어낸 많은 업적에도 불구하고 촘스키의 언어이론은 이러한 약점들로 인해 현실성 없고 추상적인 차원에서만 언급되는 이론에 불과하다는 지적을 받고 있으며 많은 언어학자들의 비판의 대상이 되고 있다.

합리주의 언어학과 정치비평관

    학문적인 관점에서 볼 때 촘스키의 가장 위대한 업적은 변형생성문법을 창안한 데 있다. 하지만 역설적이게도 오늘날 그는 그의 언어학적 업적보다 정치비평가로서, 또 투사로서 더 많이 회자되고 있다. 촘스키의 정치적 견해로 인해 그는 수많은 좌파 성향의 인물들과 단체들로부터 20세기 진정한 영감을 불러일으킨 운동가로 인식되고 있으며, 혹은 반세기 이상 급진적 입장을 대변한 인물로 그려지고 있다. 또 이로 인해 그는 논란의 대상이 되기도 했고 우상화되기도 했다. 어쨌든 촘스키의 언어학자로서의 모습이 과거에 비해 현저하게 퇴색되어가고 있음은 부인할 수 없는 사실이다.

    언어학에서 일군 업적과 마찬가지로 촘스키의 정치적 입장

또한 그가 실행해온 연구나 토론, 관련 단체들, 그룹, 개인에 관한 선행 지식이 먼저 수반되어야 올바로 이해할 수 있다. 촘스키의 언어학적 가치관과 정치적 견해가 어떤 관련성을 가지고 있으며 혹은 어떤 연결 지점이 존재한다는 전제 하에 그를 어떻게 이해할 수 있는지 살펴보자.

촘스키 자신은 언어학적 관심과 정치적 견해 사이에 어떤 연결지점이 존재하지 않는다고 말한다. 이는 둘 중 어느 하나가 다른 것에 의존하지 않기 때문이며 그 둘이 서로 의존하고 있다고 주장하는 일은 위험하다고 말한다. 예를 들어 동티모르나 중동, 베트남, 미국 내의 인권 문제, 대학의 구조 문제 등을 비난하기 위해 전문적인 지식을 훈련받을 필요는 없다. 누가 말하는가의 문제, 말하는 사람의 배경이나 자격 같은 것은 문제가 되지 않으며 중요한 것은 우리가 생각하고 말하는 것이 옳은가를 판단할 수 있는 능력이다. 사회나 정치비판은 전문가 집단인 지식인들의 문제에만 국한되는 것이 아니라 정상적인 교육을 받은 사람이라면 누구나 할 수 있는 일이라는 것이다.

특별한 교육과정을 거친 지식인들만이 분석적인 작업을 할 수 있을 것이라는 인상을 주지 말아야 한다. …… 오늘날 진행되는 사건들의 분석은 전체적으로 이 일에 관심을 갖고 있는 사람 모두가 접근할 수 있는 것이다.
  - 노암 촘스키, 『미츄 로나와의 대담』, 1977.

촘스키는 언론 기관의 행태나 세뇌 작업을 일반 대중에게 알리는 작업도 단순히 그들에게 조사 프로젝트를 어떻게 진행해야 하는가를 가르치는 것으로 충분하다고 역설한다. 그는 물리학과 같은 자연과학처럼 이 분야에 학위를 가진 전문가가 따로 필요한 것이 아니므로 충분히 가능하다고 보았다. 따라서 그의 정치비평은 지극히 자유로운 사고방식을 일깨워주는 작업에 중요성을 부여한다.

> 예를 들어 언론이 조작과 통제의 목적으로 어떤 이슈를 형성하고 그 한계를 설명하는 작태를 그들 자신이 직접 알아낼 수 있도록 도와주어야 합니다. …… 물리학 분야에서 조사를 하려면 그런 학위가 있어야 할지 모르지만 이 분야에서는 전혀 그렇지 않습니다. 건전한 상식만 가지고 있으면 됩니다.
>   - 노암 촘스키, 『촘스키, 세상의 물음에 답하다』, 2005.

그렇다고 촘스키 자신이 정치적 사안에 대한 지적 이론 작업을 완전히 무시하는 것은 아니다. 그는 정치나 사회문제를 취급하는 지적 이론 작업이 가능하지만 그것이 반드시 필연적인 것이 아니라는 사실을 지적할 뿐이다. 이는 마치 촘스키 자신이 학계에서 통용되는 수학에 대한 전문적 지식 없이 상식적인 차원에서의 수학 지식만을 가지고 수리언어학이나 전산 혹은 형식 언어학을 연구했던 것과도 같다. 자신의 전공과 상관없이 사회운동에도 적극적으로 참여하는 일반인들의 경우도 마찬가지이다. 언어적·문화적 획일성을 강요함으로써가 아니라 인간이 왜 불평등하며 고통스러운 삶을 살아야 하는지에 대해 의문을 던짐으로써 사회의 분열과 차별을 제거하는 데 일조하고자 하는, 아주 상식적인 차원에서 가능한 일인 것이다.

이 점에 대해 촘스키는 자신이 수학계에서 학술토론을 할 때 어떤 소외감을 느끼지는 못했지만 정치학계에서 자신이 중동이나 베트남 전쟁 등을 말할 때 철저히 소외되었다고 말한다. 전문적인 과정을 통하지 않고 정치사회비평 활동을 하는데 있어 그만큼 활동의 제약을 많이 받았음을 실토하는 것이며 이에 따라 촘스키는 미국 내 지식인들이 갖고 있는 지배 권력을 더 강하게 비판하였다.

> 누구나 쉽게 이해할 수 있는 글을 쓰는 것이 내 목표입니다. 하지만 지식인들은 정반대로 글을 쓰는 경향이 있습니다. 물론 대중이 이해하기 힘든 글을 써야 그들에게는 이익입니다. 어려운 단어들을 골라 복잡하게 말해야 지식인 대접을 받으면서 특권층처럼 군림할 수 있으니까요.
> – 드니 로베르, 베로니카 자라쇼비치와의 인터뷰,
> 『촘스키, 누가 무엇으로 세상을 지배하는가』, 2002.

그럼에도 불구하고 촘스키의 언어연구와 인간의 자유 사이에는 중요한 관계가 있다. 예를 들어 성서에 나타나는 바벨탑은 인간의 언어가 현재 분할되었다는 하나의 상징물로 존재하고 있다. 하지만 반대로 생각하면 인간언어는 아주 유사한 동일 언어를 갖고 있음을 말할 수 있다.

> 우선 생각할 수 있는 것은 언어가 발생할 때 인간이 그리 많지 않았다는 것이다. 그 수에 대한 최근 연구의 추정치는 확실하게 밝혀지지 않았지만, 약 10만 년 전 지구상 인간은 아마 2만 명 안팎이었을 것으로 본다. 이는 사실 매우 적은 인구이며 그들은 널리 분포하고 있었고 인간은 결국 단일 기원을 가지고 있을 것이다.
>
> — 노암 촘스키, 벨레티&리찌 엮음,
> 『자연과 언어에 대하여』, 2003.

촘스키는 바벨탑의 상징을 언어적·문화적 획일성을 강요하는 것으로써가 아니라 사람들이 불평등하고 고통스러운 삶을 사는 이유에 대한 질문을 제기하는 데 이용하며 우리가 사는 사회의 분열이나 갈등을 제거하는 데 도움을 줄 수 있다고 생각한다. 따라서 마음에 관한 정신주의적 접근이 인간의 인지체계를 연구하는 데 공헌하듯 인간의 요구와 능력은 자유롭고 창조적인 생산자들의 사회 안에서 속박이나 억압 대신 사회적 유대를 통해 자유로운 체계 속에서 일할 때 가장 완벽하게 발현될 수 있다고 본다. 언어에 대한 보편성이 생물학적 원리에 기초한 유전적 자질을 담고 있음에도 불구하고 인간언어는 자유롭게 서서 환경의 압력을 버텨낼 수 있게 되고, 인간성이란 것도 가장 내면 깊숙이에서는 사회적 억압에 저항할 수 있게 된다. 촘스키는 어떤 식의 강압적인 정치체제도 인간의 마음을 궁극적으로 통제하는 일은 불가능하다고 본다.

이와 같은 촘스키의 정치사상적 견해를 이해하기 위해서는 그의 학문적 이해는 물론 지적 여정을 먼저 이해해야 한다. 앞서 보았듯이 그의 지적 발전에 크게 공헌한 것은 데카르트에 관한 역사적 연구이다. 촘스키는 데카르트적 관점의 기원을 계몽주의나 낭만주의 시대로 거슬러 올라가 찾는다. 그리고 언어의 '창조성'에 관한 담론을 파악하기 위한 수단으로 그 가치를 강조하고 있다. 하지만 촘스키가 발견해 낸 데카르트주의자들의 연구는 단지 언어학에서 논하고 있는 언어습득이나 사용문제에만 국한되지는 않는다. 그는 우리가 언어에 대한 데카르트적 관점을 받아들인다면 그 다음 단계에서는 인간의 자연권을 옹호하고 전체주의를 반대해야 한다고 말한다.[23]

촘스키는 언어학뿐만 아니라 올바른 사회 구성에 관한 가정을 뒷받침해줄 수 있는 인물로 훔볼트(W.V.Humboldt, 1767~1835)를 꼽는다. 그는 베를린 대학의 설립자이며 프로이센 교육 제도를 주도적으로 만든 사람이고 권위주의적 국가에 대한 비판자였다. 촘스키가 훔볼트를 꼽은 이유는 촘스키의 언어학 연구 수행뿐만 아니라 올바른 사회구성에 관한 가정들을 제시하는 데 있어 그의 생각들이 작용하기 때문이다. 『데카르트 언어학』에서 촘스키는 훔볼트에 대해 다음과 같이 평하고 있다.

홈볼트는 생성주의적 방법론을 언어학에 도입하여 정신의 사전이 주어진 상황에 대해 적절한 항목을 생산하는 일정한 조직 생성원리를 바탕으로 하고 있다고 주장한다. 홈볼트는 생성적 원리로서 '언어형식'이라는 불변의 개념을 발전시키고 일상의 언어 사용에서 발견되는 개인의 무한한 창조 행위에 대해 그 범위와 수단을 제공하며 따라서 언어이론에 독창적이면서도 중요한 공헌을 했다. 하지만 불행하게도 홈볼트의 공헌은 아주 최근까지도 제대로 인정되거나 이용되지 않았다.

– 노암 촘스키, 『데카르트 언어학』, 1966.

홈볼트의 세계관은 인간의 언어습득에서 창조적인 면을 설명할 수 있을 뿐만 아니라 행동에 있어서도 수용적인 자세가 아니라 적극적인 태도로 전환할 수 있게 한다. 이런 생각은 비단 홈볼트에 국한된 것이 아니라 프랑스에서 이성주의 일반문법을 구성하고 있던 뽀르루아얄 문법에서도 확인되고 있다.

홈볼트나 뽀르루아얄 문법의 이성주의적 관점은 언어의 창조적인 양상에만 국한되지 않는다. 촘스키가 숭배하는 또 한 사람은 미국의 철학자이며 심리학자, 그리고 교육가이며 사회 비판가였던 존 듀이(J. Dewey)[24]다. 촘스키가 그에 대해 관심을 갖기 시작한 1960년대 후반은 미국이 국제문제에 다각도로 관여하였고 미국 내에서 정치적 사안이 중요했던 시기이다. 예를 들어 1964년 브라질의 군사쿠데타에 대한 지원, 라오스 폭격,

도미니카 공화국의 군사쿠데타 개입, 인도네시아 내분 가담, 베트남 전쟁 등과 같이 세계인의 관심을 끌기에 충분한 사건들이 일어났다. 어쨌든 훔볼트가 보여주고 있듯 정치 사회문제를 다룰 때는 인간의 창조적 기질을 해방시킬 수 있는 최선의 길이 무엇인지를 결정하려는 노력이 반드시 담보되어야 한다. 다시 말해 인간이 데카르트적 관점을 적극적으로 수용하게 된다면 인간의 '자유의지'를 옹호하고 전체주의를 반대하는 관점이 자연스럽게 파생된다는 것이다. 벨리티와 리찌가 데카르트의 '자유의지'를 언급한 대목은 이와 일치한다.

> 일반적으로 데카르트는 '자유의지는 본질적으로 우리가 가질 수 있는 가장 고귀한 것이고 진정으로 우리에게 속한 전부다'라고 주장했다. 그의 추종자들이 표현했듯 인간만이 '강요되지(또는 변칙적이지)' 않은 확신을 가지고 행동을 '유발하는' 성향을 보인다. 그는 이런 측면에서 인간이 다른 동물 세계의 범주와 다르다고 주장했다.
>
> — 노암 촘스키, 벨레티&리찌 엮음,
> 『자연과 언어에 대하여』, 2003.

여기에서 촘스키식 자유주의 사상과 아나키즘이 결부될 수도 있는데, 아나키즘은 흔히 '무정부주의'로도 불린다. 이는 정부를 전복하거나 정부의 존재를 부인하는 의미로 알려져 있다. 하지만 아나키즘 또한 촘스키의 의미에서는 자명한 진리가 될 수 있는데 인간은 자유를 요구하고 자신의 인간성을 표현할 수 있는 적절한 환경을 요구할 수 있는 존재이기 때문이다. 새로운 사상을 생각해 낼 수 있고 자극으로부터 자유로움을 입증할 수 있어야 하며, 따라서 전적으로 혁신적이며 일관되고 상황에 적절해야만 한다.

> 내가 볼 때 아나키즘은 사람들이 자유롭게 될 권리가 있다고 말하는 사상입니다. 만약 그 자유를 누군가 제한한다면 그것을 정당화할 수 있어야 합니다. 때때로 정당화할 수도 있을 겁니다. 하지만 아나키즘이든 뭐든 그게 언제가 될 것이냐에 대한 구체적 답변은 내놓지 못합니다.
> – 노암 촘스키, 『촘스키, 세상의 물음에 답하다』, 2005.

운동가로서 촘스키는 아나키스트로 불리고 있지만 그것을 설명하기 위한 구체적 방법론적 설명은 없다. 촘스키 자신도 현재 우리가 살고 있는 사회를 개혁하기 위해 미래 사회의 플랜을 구체적으로 마련할 필요는 없다고 한다. 중요한 것은 사회 변혁을 추진하려는 사람들이 가져야 할 원칙, 그리고 자유로운 사고방식이다. 이와 같은 원칙이나 자유로운 사고방식은 구체적으로 알 수도 설명할 수도 없는 것이므로 촘스키는 어떤 방법론보다는 그에 대한 비전을 알리는 것이 중요하다고 강조한다. 촘스키의 정치사회 비평은 인간의 사상적 원리를 제시하기보다 이렇게 과거 사상가들[25]이 언급한 자유의지 원칙을 강조한다. 그리고 이 원칙들을 실현하는 데 필요한 많은 방법들을 생각해내고 그 방법들이 존재한다는 진실을 알리는 것에서 더 나아가 무정부주의자의 관점에서 현대 자본주의 사회에서 나타나는 다양한 문제들에 대한 비판과 경고를 아끼지 않는다.

사회철학관과 계몽주의적 가치들

촘스키의 사회철학관 또한 미국 사회를 비판하는 자세와 현대 사회의 흐름이 전개되는 과정 속에서 파악될 수 있다. 그는 미국의 대외정책을 비판하면서 자신의 정치·사회철학관을 내보이지만 이를 암묵적으로 묵인하는 여론과 지식인들의 침묵에 더 많은 책임이 있다고 말한다. 그는 권력기관이 어떻게 대중을 통제·장악하는지, 또 지식인들이 양심을 버리고 어떻게 자신의 이해를 권력과 밀착시켜 영위하는지를 폭로한다.

미국의 외교정책에 대한 촘스키의 비판은 21세기 들어 중동을 비롯한 여러 지역에서 미국의 입장에 대한 것이며 세계화를 가장하여 암묵적으로 승인되고 있는 미국의 제국주의 정책을 폭로하는 것이다. 둘째는 디즈니랜드의 예에서도 볼 수 있듯 미국이 자신들의 존재를 합리화하는 데 있어 세계를 선과 악으로 구분하여 자신들과 동일시하지 않거나 복종하지 않는 세력은 '악의 축'으로 조작하고 미국의 침략을 정당화시킨다는 것이다. 프랑스의 사회철학자 장 보드리야르(J.Baudrillard, 1929~2007)의 말처럼 실제가 아닌 실제를 전혀 다른 이미지로 만들고 허구의 이미지를 사람들에게 보여주는 미국의 행동을 비판하는 것이다. 셋째는 자유민주주의의 전통이 미국 사회에서 상대적으로 빈곤하고 황폐함을 지적하고 있다. 촘스키는 이와 같은 비판의식이 누구의 도움 없이 혼자서도 생각할 수 있는 상식적인 차원의 일이라고 말한다.

앞서 언급했듯 촘스키는 인간의 자유문제와 언어문제 간의 유사성이 없다 할지라도 근본적으로 언어문제를 제대로 이해한다면 바벨탑 문제와 같이 인류가 하나의 종으로 결속되었음을 알 수 있다고 한다. 이는 언어·문화적 획일성을 강요함으로써가 아니라 사람들이 전쟁을 하고 고통스럽게 사는 이유, 권력이 조장하는 것에 대해 질문을 제기함으로써 인간 사회 내에 존재하는 분열을 제거할 수 있음을 전제로 한다. 촘스키는 자신의 언어적 관점을 모든 인류가 공유하고 있는 것, 즉 유전적으로 물려받은 자질로 규정한다. 그런 특성이 어디에 있든지 간에 그런 특성을 통해 인간은 어린 시절부터 뭔가 특별한 능력을 보여준다. 예를 들어 어린아이들은 무수히 많은 소음에 노출되면서 자신의 언어를 찾아낸다. 꿀벌이나 원숭이 등과 같이 인간언어와 유사성을 찾는 동물일지라도 동일한 환경에서 어린아이가 식별해내는 언어적 활동을 구별해내지 못한다. 이와 같은 언어능력은 전체 지능체계의 특별한 구성요소가 된다. 어린아이는 언어능력을 통해 언어와 관련된 요소들을 가려내고, 이후 여러 이행과정을 거쳐 일반 사람들로 발전해간다. 인간은 자유롭고 생산적으로 지식체계를 사용하여 새로운 상황에 대해 말한다. 이와 같이 자유롭고 창조적인 환경에서 인간은 사회의 여러 구속된 구조보다 사회적 유대관계로 일할 때 가장 완벽하게 그 능력을 구현해낼 수 있다.

촘스키의 이런 사고방식은 흔히 이성주의와 개인의 자유, 의지, 합리적 진보를 옹호한 18세기 계몽주의 사상에서 연유한다. 대부분의 계몽주의 사상가들이 데카르트 합리론에서 시작하여 자신들의 사유방식을 대중에게 전달한 것과 같이 촘스키 또한 데카르트 전통에서 계몽주의적 가치들을 발견하여 대중과 시민사회에 투여한다. 인간 자유에 관한 데카르트의 명제는 마음에 대한 본유 관념이 일차적이다. 촘스키는 어린아이들이 어떻게 이전에 들어보지도 못한 문장들을 만들고 생산해내는지에 관심을 가지면서 모국어에 대한 창조적 특성이 없는 한 이런 능력은 가질 수 없다고 한다. 한정된 보편문법 원리에 관한 지식 및 주위에서 듣게 되는 발화체들을 분석하는 데 있어 인간의 창조적 능력은 특별할 수 있다. 따라서 언어는 창조적인 양상을 드러낼 수 있다. 예를 들어 'Green ideas sleep furiously(녹색의 아이디어가 맹렬히 잠잔다).'라는 문장을 말한다고 생각해보자. 문법적으로는 전혀 이상이 없다. 하지만 모국어 화자는 이 문장이 의미상으로 도저히 수용 불가한 문장이라는 것을 직관적으로 알 수 있다. 의미상 수용할 수 없음은 동물에게는 일어날 수 없는 일로 인간에게만 있는 일이며 언어에 대한 인간의 창조적 측면이 존재함을 말해준다. 결국 사상의 자유 또한 언어를 창의적으로 사용하는 데 기초를 두고 있는 것이다. 창의성은 언어에만 국한되지 않고 새로운 것을 생각해낼 수 있어야 한다.

> 촘스키는 데카르트적 관점의 연원을 계몽운동과 낭만주의 시대로까지 소급해 올라가면서 창조성에 관한 담론을 파악하는 수단으로써 그 가치를 강조한다.
> – 로버트 바스키, 『촘스키, 끝없는 도전』, 1999.

계몽주의 사상가들을 거치면서 인간정신과 '자유를 원하는 인간의 필요와 권리'를 서로 연결시키려는 시도가 있었고 한때 이를 '자유본능'이라 부르기도 했다. 촘스키는 이것을 인지적 핵심으로 보았다. 그래서 자유롭고 창조적인 생각과 그 표현을 인간의 보편적 특성으로 정립하려 했던 것이다. 하지만 이는 각자가 갖고 있는 목적과 사회적 관점이 어디 있는가의 문제이지, 과학적 지식과 방법론의 문제는 아니었다. 따라서 촘스키의 정치비평은 언어학과는 달리 과학적 지식의 범주에 들어가지 못하고 실천적 범주에 귀속된다. 결국 행동주의에서 주장된 '자극과 반응의 모델'에서 인간의 자유로움을 입증할 수 있어야 하며 인간은 늘 새롭고 일관성 있으며 상황에 적절하게 적응도 할 수 있어야 한다. 이와 같은 계몽주의적 가치관에서 나오는 인간의 창의적 사고, 즉 자유주의적 사고는 기본적으로 수직적 권력의 획득이 아니라 수평적인 정의를 추구한다. 우리나라에서도 볼 수 있듯 그의 이런 가치관은 현대 시민사회나 개인에게 많은 공감을 주고 있는 것이다. 그가 추구한 현대판 계몽주의적 사고는 무정부주의에서 발견될 수 있고 데카르트적 이상과 무정부주의를 관련시키려는 극적인 시도로 촘스키는 다음과 같이 주장한다.

> 만일 데카르트주의자들이 원칙을 받아들여 현대에 적용한다면 그것은 아마도 1930년대에 바르셀로나를 뒤흔든 혁명의 원칙과 매우 유사할 것이다. 그것은 인간이 성취하고자 노력했던 어떤 원칙보다도 수준 높은 것이었고 또 올바른 것이었다고 생각한다. 지나간 일이 다 올바른 것이었다고 말하려는 것은 아니다. 그러나 오웰이 목격하고 묘사했던 사회, 즉 모든 사회·정치적 기관을 국민이 통제하는 그런 사회를 이루고자 하는 것은 올바른 생각이다. 이것은 새로운 개념이 아니다. 그 뿌리는 고전적 자유주의만큼 오래된 것이다.
>
> — 로버트 바스키, 『촘스키, 끝없는 도전』, 1999.

이를 주장하는 사람들은 급진적인 사람일 수 있기 때문에 현대 사회의 자본가들이나 권력자가 통제하는 상황에 직면할 수 있다. 하지만 촘스키의 의미에서 급진적 사고는 자명한 진리이다. 인간이란 존재가 자유를 요구하고 자신의 인간성을 표현할 수 있는 풍부한 환경을 요구하며 그런 요구가 진실된 것이라고 생각하기 때문이다. 마찬가지로 세계도 권력가나 자본가들에 의해서만 통치되거나 지배될 수 없으며 중심적이며 권력적 요소들이 분산되거나 서로 협력하는 차원으로 가야한다고 역설한다.

> 일정한 범위 안에서 쟁점 지향적 동맹을 맺는 것은 문제될 것이 없다고 생각합니다. 그렇다고 해서 나치 단체에도 합류할 수 있다는 말은 아닙니다. 그러나 다른 문제들에 대해 첨예한 대립을 보이는 사람들이 동맹 관계를 통해서 하나로 묶일 수 있다는 것만큼은 분명합니다.
> – 촘스키&바사미언, 『프로파간다와 여론』, 2002.

이와 같은 사회철학관이나 계몽주의적 가치들은 수많은 저서나 언론 인터뷰 등에서 일관되게 유지되고 있다. 이를 통해 촘스키는 권력의 여론조작 과정, 세계화를 위한 미국의 패권적 자본 논리 및 전쟁, 9·11테러 사태를 통한 '악의 축' 형성, 이라크 전쟁과 보스니아 전쟁, 한국의 제주해군기지 건설계획 등 세계에서 벌어지는 무수히 많은 문제들에 대해 비평을 가하고 건전한 시민운동과 지식인의 책무를 강조한다. 젊은 학도들이나 무정부주의 단체들, 심지어 괴상한 논리를 갖고 책을 쓰는 사람들한테까지 촘스키가 흔쾌히 메일의 답변을 주는 이유가 여기에 있다. 목적을 달성하기 위해 애쓰는 모든 사람들을 돕고자 하는 것이다.

행동하는 진보지식인

최근 우리의 제주해군기지 반대운동에서도 볼 수 있듯 촘스키는 시민사회 영역에도 깊이 관여하고 있다. 그가 우리 사회는 물론 전 세계적 대중 혹은 시민사회에서 거론될 수 있는 가장 중요한 요인은 단순히 자신의 정치적 입장을 언표로만 국한시키는 것이 아니라 구체적인 실천 양식으로 끌어올린 인물로 평가받기 때문이다. 촘스키의 실천적 성향은 흔히 그의 성장 과정에서 자연스럽게 형성된 것이라고 한다.

유대인으로 태어난 촘스키는 언어학과 마찬가지로 어릴 때부터 사회 문제에 대해서도 열렬한 관심을 가졌다. 고향 필라델피아에서 생활한 그는 당시 신문판매점을 하고 있던 뉴욕의 삼촌에게 갔고, 그곳에서 온종일 당시 화두가 되고 있는 사건이나 기사를 다룬 잡지를 탐독했다. 유대인인 그가 본격적으로 정치에 관심을 갖게 된 것은 뉴욕에 있는 '급진적 유대인 공동체'와 고객들과 늘 많은 대화를 나누는 삼촌이 있었기 때문이다. 이러한 환경이 자연스럽게 그를 사회주의적 성향, 또는 무정부주의적 성향으로 기울게 했다. 오늘날 우리가 촘스키를 '자유주의적 사회주의자'라고 부르는 데는 이런 배경이 한몫을 차지한다.

그의 정치 비판은 미 국방부와 외교부가 행하고 있던 정책을 비판하는 데서 시작한다. 시기적으로는 1960년대 후반에 해당되며 이전까지 촘스키 자신 또한 국방부에서 후원을 받아 언어 연구를 했던 점을 생각하면 참 아이러니한 부분이다.[26] 미국에서의 반전운동은 프랑스의 1968년 5월 혁명이 시작된 시점과 맞물린다. 68혁명은 기성세대의 권위와 문화에 대한 저항으로 표출되어 전 세계 젊은이들이 대거 동참한 사건이다. 이후 서구사회에는 히피족이 등장하고 반전과 반핵을 위해 그린피스와 같은 환경단체가 생겨났으며, 생태계를 보호하자는 젊은이들의 욕구가 전 세계적으로 확산되었다. 또 문화·예술적으로는 기존의 담론과 질서를 거부하고 새로운 실험으로의 문화·예술을 갈망하는 사회적 분위기가 한몫을 했다. 이런 시대적 분위기를 통해 민주주의가 제대로 기능할 수도 있었지만 유일 초강대국이 된 미국은 세계 곳곳에서 자신의 영향력을 발휘하고, 특히 베트남 전쟁에 깊숙이 관여한다. 베트남 전쟁은 당시 세계의 극단적 냉전 구도에서 비롯된 것이어서 미국을 포함한 전쟁 참가국들의 의도를 충분히 인정받고 있었다. 하지만 촘스키는 그 배후에 베트남에 대한 미국의 침략 의도가 노골적으로 스며있음을 비판하였다. 촘스키의 눈에 미국의 베트남 전쟁 참여는 민주주의와 세계 평화의 이상을 실현하는 것이 아니라 돈 많은 미국 자본가들이 사리사욕을 채우기 위해 촉발한 만행과도 같은 것이었다. 필요한 자원이나 착취 가능한 노동력이 미국의 국익에 도움이 된다면 세계 곳곳에서 군사력을 이용하는 데 주저하지 않았기 때문이다. 이런 점을 인식한 촘스키는 그 누구보다 노골적인 반전운동가가 되었으며 행동하는 지식인으로서의 이미지를 각인시키기 시작한다. 미국이 전 세계적으로 영향력을 가지려는 이때에 그의 행보는 결국 정부의 적(敵) 리스트에까지 오르게 되고, 영향력 있는 학계의 외교 관련 토론회나 학회지에서 촘스키라는 이름은 좀처럼 언급되지 않는다.

이와 같이 주류 사회에서 비판받고 소외받음에도 불구하고 그는 미국의 막강한 대외정책을 비판하였는데, 그 문제를 다룬 저작물 중에서 가장 신랄하게 미국의 대외정책을 고발하는 책으로 『국가의 이유에 대하여(1973)』 『밀실의 남자들(1973)』 『아시아와의 전쟁에서(1970)』 『중동의 평화에 중동은 없다(2005)』 등이 있다. 일련의 책들을 통해 고발한 미국 사회는 1980년대와 이후 21세기까지도 큰 변화를 보이지 않는다. 세계무대에서 하나 둘 경쟁국들을 제거해가면서 미국은 몇몇 분쟁 지역에서 시작된 자신의 힘을 다른 지역으로까지 확산시켜간다. 촘스키는 중남미, 중동, 캄보디아, 코소보, 동티모르, 카리브 해 등 미국이 타 지역에서 저지른 행동, 그리고 이런 행동을 정당화하거나 분쟁을 증폭시키는 자국 내 정치스파이 선전 조직, 자본가 등을 지속적으로 비난했다. 그의 비판은 단지 저술에만 머무르지 않는다. 거리와 대중매체의 활용은 물론 최근에는 SNS(Social Network Service) 등을 통해 미국의 대외침공, 정치인, 지식인, 1퍼센트의 부로 99퍼센트를 지배하려는 자본가들의 술책과 양식을 신랄하게 비판하고 있다.

현대 세계에서 힘은 몇 개의 강력한 국가들과 그에 밀접하게 연결된 개인적 폭군들에게 집중되어 있다. 매디슨(James Madison: 미국의 제4대 대통령)이 오래 전에 지적했듯이 그렇게 힘은 그들의 '도구와 폭군'이 되어간다. 개인적인 전제정치는 경제·사회 및 정치적인 삶을 지배하는 거대한 회사와 같다. 그들의 내부 조직에서 이러한 제도들은 어떤 인간도 고안하기 어려운 전체주의적 이상에 최대한 가깝게 접근해 간다.

－ 노암 촘스키, 벨레티&리찌 엮음,

『자연과 언어에 대하여』, 2003.

21세기 세계 분쟁의 핵폭탄이 되고 있는 중동의 문제도 당사자인 유대인과 아랍인들에 의해 직접 논의되고 실행되어야 하며 미국의 개입으로는 이 지역에서 인간다운 삶을 추구할 수 없다는 것이 촘스키의 주장이다. 그는 제국주의적 해결을 거부하면서 사회 정의를 위해 싸우는 보다 폭넓은 시민운동의 개입을 독려하고 있다.[27] 이렇듯 지역이든 세계이든 관련 문제를 해결하기 위해 운동은 필수적인데, 이 일련의 운동 과정은 뭔가 해야겠다는 인식 없이는 불가능한 일이다.

촘스키는 지식인들의 이중성에 대해서도 자주 언급했는데 특히 20세기 초 지식인들의 행동에 대해 평가하며 자신의 입장을 구체적인 행동으로 실천해갔다. 예를 들어 제1차 세계대전 당시 미국을 전쟁으로 몰아간 사람들은 공적 지식인들이었음에도 불구하고 전쟁의 진실에 대해 언급한 사람들은 오히려 감옥 신세를 졌다.[28] 20세기를 대표하는 지식인 중 한 사람인 버트란드 러셀(B. Russell, 1872~1970) 또한 제1차 세계대전을 반대하였는데, 그 결과 감옥에 가야 했으며 미국 내에서 반미주의자라는 오명을 안게 되었다. 당시 러셀은 실천하는 지식인의 상을 보여주었다는 이유로 비판받았는데, 이런 점에서 촘스키는 핵무기 제조에 반대 서명을 한 아인슈타인과 러셀을 비교하고 있다.

> 러셀과 또 다른 주요 지식인인 앨버트 아인슈타인을 봅시다. 그들은 핵무기와 같은 문제에 대해 근본적으로 같은 의견이었습니다. …… 그리고 같은 성명서에 공동으로 서명한 것으로 알고 있습니다. 그러나 이후 그들의 대응은 달랐습니다. 아인슈타인은 프린스턴 고등연구소의 자기 실험실로 돌아가 통일장 이론을 연구했습니다. 반면 러셀은 길거리로 나섰습

니다. 핵무기 반대 시위에 참가했습니다. …… 또 반전운동 관련 시위에 참가하고 법정을 조직하는 등 뭔가를 하기 위해 노력했습니다. 그래서 더욱 격렬한 비난을 받았습니다.

– 촘스키&바사미언, 『프로파간다와 여론』, 2002.

이와 더불어 촘스키는 사회가 민주화될 때조차도 국가는 지식인 집단을 선전 도구로 활용한다고 말한다.[29) 왜냐하면 공인된 집단인 지식인들이야말로 국가가 내세우는 이데올로기를 가장 쉽게 선전하고 파급시킬 수 있는 사람들이기 때문이다. 촘스키는 여론을 조작하는 것을 목적으로 하는 활동인 '동의의 조작'은 민주사회에서 활발하게 이루어진다고 말한다. 역사적 과정을 통해 나타난 동의의 조작은 영국과 미국의 경우처럼 민중의 자유가 최대한 보장되어 있던 사회에서 특히 힘을 발휘했다. 지배층에서도 자유로운 사회일수록 단순 무력만으로 민중을 움직이는 것이 어렵다고 판단하였기 때문이었다. 이 상황에서 지식인들은 언제나 선도적인 역할을 감당해왔다. 그들은 오래 전부터 민중의 정신을 흩트리기 위해 목적 구조와 인위적 욕구를 만들어내었고, 대중들이 그것을 맹목적으로 따르도록 부추겼다. 이러한 수법은 선전 수단의 발전과 함께 날로 새로워지고 있으며 이를 통해 지식인들은 기득권을 유지할 수 있게 된다.

그 자체로 기득권을 유지하는 지식인 집단에 대해 촘스키는 '마음가짐'을 통해 새로 정의하고 있다. 지식인이라면 인간의 문제에 관한 정보를 수집하여 고민하고 이해하며 통찰하려는 마음가짐이 있어야 한다는 것이다. 촘스키는 권력에 기대어 저명함을 인정받는 지식인은 진정한 지식인이 될 수 없으며 그런 지식인이 사회를 대변할 수도 없음을 역설한다.

> 저명한 지식인이 곧 진정한 지식인이라 말할 수는 없습니다. 저명한 지식인은 어떤 사람입니까? 그들만의 고유한 권력 체계 내에서 '책임 있는 지식인'이란 직함을 부여받은 사람입니다.
>
> — 드니 로베르, 베로니카 자라쇼비치와의 인터뷰,
> 『촘스키, 누가 무엇으로 세상을 지배하는가』, 2002.

촘스키는 이렇게 지식인의 이중성에 대한 비판을 가한다. 그러면서 자유의지를 갖고 있는 인간 존재는 궁극적으로 우리 마음을 통제하려 하는 권력이나 폭력 체제를 부인할 수 있어야 하고 자유인으로 남을 수 있어야 한다고 주장한다.

그렇다면 자본가와 권력에 맞서는 힘은 어디에서 나오는가? 촘스키는 이에 대한 대답으로 시민사회의 연대를 주장한다. 연대를 통해 시민사회가 강화되어야 하는 이유는 촘스키가 미국의 대외정책을 비판한 1960년대와 현재 상황이 변했기 때문이다. 그리고 그 변화를 통해 수적으로 다수인 대중이 수적으로 소수인 자본가들에 의해 억압받고 있다는 사실을 직시한 것이며, 다수의 대중이 시민사회 연대를 통해 절대 권력 자본가에 맞설 수 있다고 생각한 것이다.

> 베트남 전쟁이 끝나고 40년 후인 2002년에는 전쟁이 공식
> 적으로 개시되기 전에 명확한 정치의식을 가지고 원칙에 입
> 각한 대중의 강력한 항의운동이 대규모로 전개되어 1960년
> 대와 뚜렷한 대조를 보였다. …… 대중의 두드러진 항의 없
> 이 여러 해 동안 잔혹하고 파괴적인 전쟁을 묵인했던 1960
> 년대와 지금은 시대가 다르다.
>
> — 촘스키, 『패권인가 생존인가』, 2004.

촘스키에게 시민사회 단체를 통한 연대는 권력에 직접 맞서는 것이며 무관심은 권력자들에게 동조하는 것과 같은 것이다. 지식인과 대중매체, 나아가 미국의 폭력적인 대외정책에 맞서 사회구성원들이 자발적으로 조직을 만들고 연대감을 형성하여 한층 폭넓은 관심사를 공유할 필요가 있는 것이다. 촘스키는 '나'가 아니라 '인간'이라는 공통의 명사를 위해 무언가를 해보려고 노력하는 사람이 될 때 비로소 건강한 시민사회가 성립할 수 있음을 역설한다. 이를 위해서는 한 개인의 특별한 머리가 아니라 우리들 자신의 특권이 필요하다. 설사 특권은 없더라도 누구나 장점은 있다. 많이 배우지 않았다는 것, 천편일률적인 주입식 교육에 매몰되지 않았다는 것은 오히려 장점으로 작용할 수도 있다는 것이다. 그러나 먹고 살기 위해 일주일에 50시간 이상 일하는 사람들이 대부분인 상황 또한 현실임을 인정

하면서 촘스키는 이러한 상황들이 오히려 사람들을 뭉치게 할 수 있다고 말한다. 그리고 노동조합의 필요성을 주장한다.

> 그래서 노동조합이 있는 것이지요. 즉 노동자 교육의 필요성에서 노동조합이 출발하는 겁니다. 사람들은 이런 식으로 모이고 격려하고 배우며 세상에 대해 깨우쳐 나갑니다. 사실 그 범위는 문학, 역사, 과학, 수학 등 꽤 넓은 편입니다. 좌파 지향적인 전문가들이 집필한 것 중에 대중에게 유익한 수학책과 과학책도 있고, 이 책들이 노동자 교육용 교재로도 쓰입니다. 혼자서는 할 수 없지만 집단적으로 할 수 있는 일들이 있습니다.
>
> – 촘스키&바사미언, 『프로파간다와 여론』, 2002.

이런 이유에서 연대는 용기 있고 명예로운 행동, 평화와 정의를 위한 전반적인 노력을 수반해야 하며[30] 구체적인 실천 행위를 위해 노동조합이 필요하게 된다. 촘스키는 노동조합이 민주주의 발전에 결정적인 역할을 했는데, 이는 가난하고 소외된 사람들이 단결하여 집단으로 행동할 수 있는 공간이기 때문이라고 말한다. 이러한 생각은 때에 따라 노동자들의 권리 행사, 파업, 극단적인 경우 '사회 전복'이라는 개념으로 확산되어 촘스키를 무정부주의자로 인식하게끔 한다. 하지만 그는 진정한 무정부주의란 아무 개념이 없는 것을 말하는 것이 아니라 오히려 절대 포기할 수 없는 원칙을 수반해야 함을 강조한다.

지배구조와 계급구조에는 포기할 수 없는 한 가지 기본 원칙이 있습니다. 지배구조와 계급구조는 어떤 형태를 띠더라도 의혹의 대상으로 삼아 그 정당성을 확인해야 한다는 것입니다. 스스로 정당화될 수 있는 것은 이 세상에 존재하지 않습니다. 부모와 자식, 남자와 여자, 국가와 국가 사이의 관계도 예외가 아닙니다. 노동계도 마찬가지입니다. 모든 형태의 지배구조를 찾아내어 정당성을 입증하도록 촉구해야 합니다. …… 물론 누가 보아도 정당성을 지닌 지배구조가 있습니다. 예컨대 어머니와 자식의 관계는 일방적일 수밖에 없습니다. 하지만 정당성을 입증할 수 없는 지배구조는 부당한 것입니다. 따라서 우리에게는 그 관계를 전복시킬 권리가 있습니다. 개인의 관계부터 국제 관계까지 그 차원을 따질 것이 아닙니다. 물론 제 개인적인 견해이지만 이것이 무정부주의 사상의 기본 틀입니다. 이런 기본 틀은 민중투쟁, 즉 계몽주의 시대의 유산입니다.

- 드니 로베르, 베로니카 자라쇼비치와의 인터뷰,
『촘스키, 누가 무엇으로 세상을 지배하는가』, 2002.

촘스키는 오늘날의 국가 정부는 다수 국민이 아닌 소수의 집단, 혹은 소수 자본가를 대변할 뿐이므로 조직화된 조합이 필요함을 역설하면서 조합 구성을 통해 소수의 힘으로는 넘을 수 없는 고통을 함께 넘어서야 한다고 주장한다. 촘스키의 이러한 정치비평과 행동하는 지식인 상은 어떤 이론이나 그 어떤 학파의 방법론에도 속해 있지 않다. 촘스키는 지식인에 대해 비판적이면서 오히려 자유주의적 무정부주의자들이나 대중 운동 단체들이 학교나 기업 등을 비롯한 권력집단에 의해 아직 세뇌되지 않은 사람들이라고 말한다. 또 그들이야말로 사물을 있는 그대로 분석하는 사람들이라고 평가한다. 이렇게 지적이고 감성적인 분출을 토해내는 사람들이 모여야 사회와 세계가 변화될 수 있다고 보는 것이다.

촘스키의 평가와 현 시점에서의 의미

촘스키가 추구해 온 언어이론과 정치비평의 내용을 이 작은 책에 모두 기술한다는 것은 실로 불가능한 일이다. 촘스키의 언어학적 사고와 언어이론, 정치비평에서 제시하고 있는 구체적 사례의 내용들이 엄청나게 많기 때문이다. 촘스키가 추구해 온 언어이론과 정치비평에 관한 내용을 함축적으로 담아보고자 노력했지만 필자는 아쉽게도 촘스키 이론과 더불어 설명될 수 있는 구체적 이론 사례들, 그리고 정치비평에 대한 구체적 사례들은 상당 부분 언급하지 못했다.

언어 부분만 따로 놓고 본다 해도 그의 언어이론에 대한 가설은 상당히 까다로운 수준이다. 언어학 전반에 관한 지식, 그리고 철학, 심리학, 논리학, 신경과학, 인공지능, 심지어 인류언어학과 같은 다양한 학문들의 토대 하에서만 이해될 수 있는 수준인 것이다.

또 그의 이론에서 벗어난 듯한 이론들, 예를 들어 생성의미론, 일반구구조문법, 어휘기능 문법, 통합문법 그리고 GB이론이나 최소주의 프로그램을 둘러싸고 전개되는 반박 혹은 유사 이론마저도 촘스키 이론에 대한 전반적인 배경지식 없이는 이해하기 힘들다. 본문에서는 '하위인접원리'와 같은 사례가 대표적인데, 생성의미론과 해석의미론의 논쟁에서 제시된 여러 이론을 토대로 촘스키는 자신의 이론을 수정해가고 간결화 시키는 모습을 보여주고 있기 때문이다. 따라서 여기에서 언급된 그의 언어이론은 아주 제한적이라고 할 수 있으며 촘스키가 기본적으로 추구하고자 한 가설을 인식론적 입장에서 큰 틀을 잡아본 것에 불과하다. 그의 이론에 대한 구체적인 내용은 현재 여러 언어학자들에 의해 논의되고 있으며 그에 대한 평가와 업적 또한 앞으로 충분히 논의될 것이라 기대한다.

많은 사람들이 촘스키의 정치비평과 언어이론이 직접적인 관계에 놓여 있는지에 대해 의문을 제기한다. 분명한 것은 그의 언어이론에 대한 전체적인 이해, 그리고 촘스키가 언급하고 있는 고전기 철학자와 과학자에 대한 기본적인 이해가 없다면 그가 추구하는 정치철학적 견해에 대해서도 이해가 어렵다는 것이다. 플라톤 이후 20세기 분석철학까지의 흐름을 어느 정도 파악하는 수준이 되어야 비로소 이해가 가능할 정도로 촘스키의 사상적 맥락은 방대하다. 그의 이론은 단순히 사상가들에 대한 이해에만 국한되지 않는다. 미국 대외정책의 본질, 미국 언론들의 여론 조작 및 대외정책 간의 관계, 세계화를 통해 나타난 세계질서의 역학관계, 문명사의 흐름, 중동을 비롯한 국제 분쟁지역, 현대사회에서 지식인의 역할 및 교육문제, 권력자와 미디어, 그리고 대학과 시민사회의 역할 등을 전반적으로 이해하고 있어야 그의 정치철학적 견해가 무엇을 의미하는지 파악할 수 있을 정도이다. 실로 엄청난 지식이 수반되어야 하는 일이기에 그의 사상의 핵심적인 내용, 논쟁이 될 만한 부분 몇 가지를 간략하게 기술하였을 뿐이다. 하지만 여기서 그의 언어이론과 정치비평과 관련해 몇 가지 문제를 더 생각해보고자 한다.

먼저 촘스키의 언어이론을 살펴보자. 앞서 언급했듯 그의 언어이론에 관한 연구는 언어학이 과학으로 인식된 이후 그 유래를 찾을 수 없을 정도로 방대하며 그의 업적은 인접학문 분야에 상당한 영향을 끼쳐 왔다. 촘스키는 서로 다른 인간언어를 동일한 보편적 양식으로 해석하고 있으며 이 양식은 인류만이 갖고 있는 본유적 관념의 원리에 의해 재단된다고 주장한다. 언어에 존재하는 보편원리의 연구는 언어와 정신 사이의 관계에 대한 의문점을 환기시켜 주었으며, 언어학 전공자들에게는 변형생성문법이라는 강력한 도구를 제공해주어 인간언어가 갖고 있는 특수성을 밝혀내는 데 기여했다.

1957년부터 시작된 연구 모델들, 즉 표준이론, 확대표준이론, GB이론, 최소주의 프로그램에서 알 수 있듯 각각의 모델들은 거의 10년 주기로 획기적인 변화를 시도했다. 초기 표준 모델은 관찰적 타당성(Observational adequacy), 기술적 타당성(Descriptive adequacy), 설명적 타당성(Explanatory adequacy)을 세우면서 어떤 문법이 가장 타당성을 갖출 수 있는지 평가하고자 했다. 확대표준이론에서는 문장과 명사구 내부 구조의 유사성을 포착할 수 있는 핵계층 이론의 정립과 적용이 활발하게 이루어졌고 촘스키가 주장하는 가설에 대한 반론, 즉 생성의미론과 같은 내부 도전도 있었다. 1980년대 들어서면서 기존의 여러 가지 문법규칙을 버리고 연구의 초점은 가능한 단순 원리체계로 모든 언어 현상을 설명하려는 '보편문법' 구축작업이 구체화된다. 이는 몇 가지 원리와 '매개변항'을 설정함으로써 이루어진다. '원리-매개변항 이론'이라고도 불리는 이 이론 체계에서 촘스키는 인간언어에 내재하는 소수의 원리와 각 언어 간의 차이점을 유발한다. 그리고 '매개변항'을 설정함으로써 각 언어들이 외적으로만 차이가 있을 뿐 근본적으로는 같다는 사실을 설명하였다. 이후 언어습득에 대한 연구는 타당성을 검증받기 위해 다양한 시도를 거듭했고 그 과정 중에 촘스키는 자신의 이론을 재해석하거나 해체하는 수순을 밟는다. 그리고 소위 말하는 '최소주의 프로그램'이 시작되면서 논쟁은 더 본격화되고 많은 추종자들이 촘스키를 떠났다.

이러한 여러 변화에도 불구하고 촘스키의 일관된 주장은 '보편문법' 구상이고 이는 다음의 조건을 만족시켜야 한다. 첫째, 현존하는 문법들의 다양성과 양립 가능해야 한다. 둘째, 보편문법은 이와 같은 문법들이 각각 상당히 한정된 자료를 기반으로 하여 우리 마음에서 발전될 수 있다는 사실을 설명할 수 있어야 한다. 따라서 보편문법이 허용하는 선택 범위가 충분히 제약되어야 한다는 이야기다. 그렇지만 언어이론의 설명적 힘과 보편이론을 정당화하려는 촘스키의 의도는 언어이론의 끝없는 변화를 추구하는 데까지 이르렀으며, 그에 따라 추종자들이 이탈하는 현상이 발생하고 언어학 내부에서도 끊임없는 논란을 야기하였다. 이러한 논란은 다시 '그의 언어이론이 단절인가 혹은 연속성인가'라는 인식론적 문제, 또 그가 본래 추구하려는 언어학적인 프로그램의 속성, 20세기 다른 학문과 맞물려 얻은 이론의 실체를 밝히려는 시도로 연결되고 언어학 내부에서조차 비판적 관점이 제기된다. 그의 언어학적 공헌을 무시할 수는 없지만, '보편문법'을 구현하려는 (통사론만의)편협한 시각으로 인간언어를 바라보는 문제로 인해 발생한 다른 언어학자들의 문제 제기 또한 결코 간과할 수 없다. 이런 비판에도 불구하고 1950년대 후반부터 진행되고 있는 그의 연구프로그램은 여전히 진행 중이며 미완성인 상태로 남아 있다.

촘스키에게 언어이론을 떠난 정치비평은 지식인으로서 당연한 의무다. 그가 정치에 대해 비판하는 글은 있는 사실, 보여지는 사실에 대해 단순히 언급하는 일에 불과하다. 언어학은 물론 다른 학문에 대한 전문 지식 없이도 정치 현실에 대한 비판은 어느 정도 교육을 받은 사람이라면 누구나 할 수 있다는 것이 촘스키의 주장이다. 어떤 정치 이데올로기를 주장하는 것이 아니기 때문에 기본적인 양식만 있으면 충분한 것이다. 촘스키는 전문적인 용어를 사용해 글을 쓰는 지식인들이야말로 자신들의 이익을 극대화하고 권력을 대변하는 데 가장 애쓰는 사람들이라고 말한다. 그렇게 난해한 용어들을 사용할수록 지식인들이 사회에서 대접을 받을 수 있기 때문이라고 한다. 난해한 문체는 결국 일반 대중들의 접근을 어렵게 한다는 판단 하에 촘스키는 사회나 세계문제에 대해 아주 간결하면서도 쉽게 글을 쓰고 강연하였다.[31] 상당히 난해하면서 이론적인 그의 언어이론, 그리고 실질적인 내용을 다루고 있는 정치사회비평, 이 두 부분이 상충하고 있기 때문에 이 둘 사이의 연관성은 좀처럼 찾기가 쉽지 않다. 촘스키도 자신의 언어이론이 삶의 문제에 적용될 가능성은 거의 없음을 시사하고 있다.

> 인간 문제는 실질적인 것입니다. 반면에 언어학은 이론적인 성격을 띱니다. 따라서 언어학 이론이 삶이란 문제에 적용될 가능성은 거의 없습니다. 우리가 살아가는 삶만큼 복잡하고 무원칙적인 것이 없기 때문입니다. …… 다른 과학들에 비해 훨씬 심오한 수준에 이른 물리학의 이론들이 실제 우리 삶에 적용된 것도 비교적 최근의 일입니다.
> – 드니 로베르, 베로니카 자라쇼비치와의 인터뷰,
> 『촘스키, 누가 무엇으로 세상을 지배하는가』, 2002.

촘스키가 추구한 언어이론이 삶과 유리된 채 이론적인 틀 안에서 진행됐다면 그의 정치비평은 우리에게 실천을 강조하는 가르침으로 전해진다. 그리고 그의 실천에는 권력적이고 수직적인 것은 배제하고 수평적인 관계를 중시하려는 정신이 배어 있다. 이를 통해 촘스키는 '행동하는 지식인'으로 거듭나지만 구체적으로 어떻게 이 행동의 사유방식을 전개해야 하는지에 대해서는 말하지 않는다. 그것은 단순한 인간의 자유의지이자 인간이라면 누구나 상식적으로 경험을 통해 알 수 있는 내용이고 그저 실천만 하면 되는 것이라고 말한다.

촘스키의 언어관과 정치비평관 사이에 서로 연결지점이 없다고 하지만 사실 이와 같은 평범한 생각이 그의 언어관과 부합될 수 있는 요소로 보인다. 촘스키가 말하는 '언어능력'이 어린이의 전체 지능체계에 있어 특별한 구성요소를 갖게 된다고 본다면 이 언어능력을 통해 어린이는 언어와 관련된 요소들을 가려낸 후 여러 이행과정을 거쳐 자연스럽게 보통 사람들의 단계로 나아가기 때문이다. 흔히 보통 사람들의 단계에서 인간은 자신의 지식체계를 자유롭고 생산적으로 사용하게 되며 새로운 상황에 대해 말하게 된다. 이때 인간은 현재 자신이 처한 상황이나 내부 상태를 기준으로 삼지 않고 상황에 맞는 체계적 방식으로 언어를 말한다. 촘스키의 주장에 따라 이 언어와 정치의 공유 부분을 유추해 본다면 인간이 갖고 있는 자유의지의 상식적 차원도 언어능력의 개념 사이에 존재할 수 있을 것이다.[32]

하지만 이러한 유추에도 불구하고 촘스키의 언어이론에서 제기되는 '보편문법'은 여전히 논쟁의 한복판에 놓여있다. 과학적인 이론으로서의 '보편문법' 구축이 언어학을 과학으로 삼는데 가장 이상적인 작업이라고 하지만 '보편문법'에 대한 가설은 현존하는 다양한 언어의 특징과 현상을 그대로 무시하고 있기 때문이다. 앞서 구조주의에서도 인간언어는 개별 민족에 의해 형성, 발전되어왔으며 지역과 시대에 따라 수많은 언어들이 명멸했지만 그 다양성 속에 어떤 기본적인 구조가 있음을 전제하였다.[33] 촘스키의 '보편문법' 또한 사실 이러한 연속선상에 있는데 이러한 관점에서 볼 때 촘스키의 이론은 변화무쌍한 현실의 언어와 사회성을 무시 혹은 간과하는 것이 된다. 특히 영어라는 특정 언어를 통해 다른 언어 모두를 설명하는 방식이야말로 현재 벌어지고 있는 미국식 세계화의 전형적인 모습이라는 인상을 줄 수도 있다.[34] '영어가 세계화와 무슨 관련이 있는가'라고 반문할 수 있겠지만 세계화가 자본의 전 지구적 지배와 함께 문화의 획일화된 현상으로 나타나는 상황에서 영어가 우리 사회의 지배적인 언어로 자리 잡은 이유를 생각해 보아야 한다. 영어가 여타 유럽의 언어보다 문법적으로 더 체계적이고 가치가 있기 때문이 아니다. 세계화 혹은 근대화의 영향이 언어적 차원에도 깊이 스며들어 있음을 증명하는 것이기 때문이다.

영어로 대변되는 세계화의 문제는 '서구중심주의'의 또 다른 연장선일 수 있다. 촘스키는 실천의지를 갖고 있는 인간으로서 세계화를 비판하고 있지만, 존재론적 측면에서 그가 추구한 '보편문법'의 언어이론은 세계화의 모순과 극복을 통해 공생을 주장하는 현 시대에 많은 논란을 야기한다. 많은 사람들이 그의 언어이론에 회의감을 갖는 원인 또한 그의 언어이론이 근대화 혹은 세계화의 내용과 맥을 같이 하고 있기 때문일 것이다. 그런 의미에서 촘스키의 언어이론은 문화와 언어의 다양성을 무시하고 어떤 한 언어를 통해 일방적으로 모든 언어를 설명하려는 구조주의나 과학주의적 연구방식에서 벗어나지 못한다. 문제는 이런 존재론적 문제에 대한 우리의 논의 과정이다. 이런 과정에 대한 논의나 논쟁을 심도 있게 하지 못했기 때문에 우리는 촘스키의 업적을 때로는 혁명적인 언어이론으로, 때로는 수많은 좌파 성향의 개인과 단체들에게 영향을 주는 정치비평가로만 소비했다. 일본강점기 이후 독일철학과 영미분석 철학이, 그리고 현대에 들어 후기구조주의를 비롯한 포스트모더니즘 담론이 반복 회자되는 것과 마찬가지다.

오늘날 우리 사회는 무수히 많은 담론을 생산하고 있다. 여러 담론 중 후기구조주의 관점에서 촘스키식의 선천적으로 타고났다고 보는 유전적 능력, 불변의 보편적 가설과 같이 인간 언어를 과학화하려는 시도는 충분히 부정적 시각을 준다. 철학자이자 언어학자 혹은 인지과학자로서 가장 복잡하고 논리적으로 지적 개념을 제시하는 촘스키, 그리고 전 세계에서 벌어지는 미국의 폭력행위, 대중을 조작하는 여론에 대해 비체계적인 관점을 제시하는 촘스키 사이에 괴리감이 느껴지는 이유이다. 정치비평에 대한 내용으로만 그를 파악하고 있는 진보성향의 사람들이 촘스키가 제시하는 영어 위주의 보편문법을 이해하게 된다면 어떤 반응일까? 과학 대 비과학, 엄격한 자기 분야의 이론 연구 대 철저하게 사상적이고 이론적인 배경도 없으며 행동으로 표현되는 정치비평, 인식 가능한 것과 인식 불가능한 것 사이의 구분은 이런 의미에서 계속되는 논쟁의 중심에 있다. 그 논쟁의 중심에 후기구조주의를 포함한 포스트모더니즘[35] 담론에 대한 촘스키의 비판이 있다.

촘스키는 포스트모더니즘 담론에 상당히 비판적이지만 프랑스에서 촘스키의 언어이론은 학문적 뿌리가 약한 이론으로 받아들여져 그다지 중요하게 여겨지지 않는다. 왜냐하면 20세기에 들어와 프랑스적 지적 전통에서는 거의 언급되지 않는 이성주의 문제를 다시 부활시켰고, 촘스키가 프랑스의 데카르트 전통을 제대로 이해하지 못한다고 생각하기 때문이다. 이런 이유로 촘스키의 언어이론은 프랑스에서 아주 제한된 학교나 학과에서만 강의가 이루어진다. 촘스키 역시 프랑스의 지적 작업 현장이 가장 혐오스럽다고 비판한다.

프랑스에서는 대부분의 사람이 나의 정치적·학문적 작업의 대상이 무엇인지 전혀 모르고 있습니다. 물론 그들은 내 연구에 대해 늘상 글을 쓰고 있지요. 그러나 그것은 프랑스 지식인 세계의 전형적인 유아적 속성일 뿐입니다. …… 프랑스인들은 일부 탁월한 언어학자와 과학자, 무정부주의자, 기타 인사들을 자랑하지만, 매우 편협하고 상당히 일천한 문화를 가지고 있습니다. 이런 이유로 나는 60년대와 70년대에 프랑스에서는 거의 정치 강연을 하지 않았습니다. 독단에 근거한 왜곡이 너무 심해서 강연을 하는 것 자체가 시간 낭비였으니까요.

- 로버트 바스키,
『촘스키, 끝없는 도전』중 1994년 5월 30일의 편지.

촘스키에게 있어 프랑스의 포스트모더니즘 연구자들은 이해하기 어려운 전문용어를 사용하여 대중을 혼란스럽게 하는 '지적 사기꾼'과 같은 존재이다. 따라서 촘스키는 20세기는 물론 현 시대에 있어 중요한 학문적 성과로 간주되는 프랑스의 포스트모던 담론을 중요하게 생각하지 않는다. 실제 프랑스적 담론은 난해하기로 유명하다. 무엇보다 프랑스적 지적 전통이 촘스키가 추구하는 형식 과학적 맥락과 매우 다른 식의 사유전통을 갖고 있기 때문이다. 촘스키가 적극 수용한 20세기 초 중반의 논리실증주의도 프랑스에서는 1980년대 들어서야 본격적으로 도입되었다. 그만큼 프랑스의 지적 사유전통은 영미철학과 그 맥을 달리하고 있다.

그렇다고 해서 프랑스적 담론을 단순히 복잡하고 난해한 지식인들의 허영이라고 단정할 수 있을까? 프랑스적 담론은 철학이라는 일정한 테두리 안에 갇혀 자신의 언어를 말하려 하지 않는다. 이는 개별과학을 지향하는 것이 아니라 메타학문을 지향하는 프랑스적 지적 전통에서 잘 나타난다. 많은 프랑스 사상가들, 예를 들어 촘스키가 그토록 인용하는 데카르트는 원래 수학자였으며 촘스키의 사상적 뿌리가 되고 있는 계몽사상가들은 물리학자였고, 인지언어학과 관련한 자코브(F. Jacob, 1920~)의 경우는 생물학자, 루소나 사르트르는 문학가였다. 포스트모더니즘 관련 프랑스 지식인들은 특정 분야의 전문가이기도 하지만 문학, 예술, 문화에 깊은 소양을 갖고 있었으며 동시에 사회문제에 적극적으로 개입하고 행동하는 지식인들이 많다. 프랑스의 지식인에게서 일관되게 드러나는 특징은 자신들의 학문적 논점과 사회 행동의 지침 원리가 동일선상에 있다는 것이다. 바로 이런 점에서 촘스키와 프랑스적 담론, 프랑스 지식인과의 차이가 존재한다. 따라서 프랑스 지식계의 촘스키에 대한 비판은 주로 프랑스 철학에 대해 촘스키의 심도 있는 이해가 부족함을 꼽는 것이다. 프랑스 지식인들은 촘스키가 훌륭한 언어이론을 제시했음에도 불구하고 그의 저작을 높게 평가하지 않는다. 이는 촘스키의 언어이론과 정치비평이 별개의 담론으로 그치고 있기 때문이기도 하다. 보편문법을 구현하기 위해 갖는 동일성의 사유와 끊임없이 미국 중심의 구도를 타파하려는 촘스키의 정치비평 간 불일치가 프랑스적 담론에서는 쉽게 이해되지 않는 부분이다. 또 영어를 기반으로 제시한 그의 이론이 전 세계 언어학계를 장악했다는 점은 그의 언어이론이 훌륭하기 때문이기도 하지만 영어라는 확실한 권력 언어에서 기인한 바가 크다는 점은 누구나 인정할 수밖에 없는 부분이다.

다시 우리의 경우를 생각해 보자. 우리는 '한글'이라는 훌륭한 언어를 갖고 있음에도 불구하고 구조주의 이래 변형생성문법 등의 새로운 서구 언어이론을 들여와 그 이론에 맞춰 우리 언어를 설명하고자 했다. 구조주의가 팽배한 시점에서 우리는 구조주의 관련 서적을 읽고 그에 따라 언어현상을 설명하고자 했다. 그리고 변형생성문법이 들어오면서부터는 모든 문법 현상을 이 이론에 적용하였다. 변형생성문법을 통해 우리말의 다양한 현상을 체계적으로 설명할 수 있게 되었다는 긍정적인 면도 있지만 우리는 과하게 변형생성문법을 소비한 현실에 직면해 있다. 그리고 현재는 촘스키의 정치비평에 관한 내용을 끊임없이 소비하는 중이다. 그의 언어이론은 1980~1990년대 지식인들에 의해 주로 소비되었고 정치비평은 현재 시민사회 영역과 일반인들에 의해 더 많이 소비되고 있다. 그의 언어이론이 소개될 때 정치비평과 관련한 서적이 동시에 소개된 것을 거의 보지 못했다. 정치비평을 논하거나 행동하는 지식인상으로서 그를 거론하지만 그의 언어이론을 동시에 논하는 경우 또한 거의 볼 수가 없다. 각각의 경우가 시사해주는 바가 따로 있겠지만 촘스키 사상의 도입은 학문의 수입성 차원에서 우리의 현실을 반영하는 것이고 다분히 염려되는 부분이다. 학문의 수입성에서 벗어나지 못한 채 21세기 우리 시대와 사유의 문제, '삶과 앎'이라는 근원적인 문제와 어떻게 대면할 것인가?

한 시대의 진정한 사유가는 문헌으로만 말하지 않는다. 그는 삶을 사유하고 사유를 삶으로 만드는 과정을 보여주며 이에 따라 훌륭한 이론과 개념을 설파한다. 물론 구체적인 행동으로 실천하지만 학문적 연구와는 대치되는 경향을 드러내는 이들도 있다. 하지만 이는 지식이나 사유를 삶에서 분리하는 것이므로 자신의 사상을 무력화하는 일이 될 수도 있다. 삶과 앎을 연결시키지 못하고 학문을 그저 소비하기만 하는 경향은 우리의 근본적인 의식에서 비롯된 것은 아닐까? 이제 언어 연구에 있어서도 우리 자신의 문제의식에서 출발하여 그 문제의식을 어떻게 개념화하고 소화할 것인지에 대한 고민을 해야 한다. 이러한 의미에서 촘스키가 제시한 언어이론과 정치비평은 현 시대를 살아가는 우리에게 여러 시사점을 주고 있다.

1) 대부분의 변형생성문법학자들은 일반적으로 변형생성문법이 토마스 쿤(T. Kuhn)이 제시한 과학사에서의 '혁명'과 비견할만한 업적을 남겨주었다고 평가한다. 이는 이전 시대의 구조주의와 '단절'인지 혹은 '연속성'을 유지하는지의 인식론적 문제와 맞물린 중요한 문제임에도 불구하고 학계에서는 충분한 논의가 이루어지지 않고 있다.

2) 촘스키(1995)는 자신의 언어이론이 '연구프로그램'이라고 말한 바 있다. '연구프로그램(Research program)'이란 말은 이미 과학철학을 추구하는 포퍼(K. Popper)나 라카토스(I. Lakatos)에서 많이 언급되고 있으며, 변형생성문법학인 프랑스의 니콜라 뤼베(N. Ruwet) 또한 촘스키가 '연구프로그램'으로 자신의 언어이론을 발전시켜갔다고 말한다. 이런 맥락에서 볼 때, 그의 변형생성문법이론이 현 시점에서도 존재하는가라는 문제는 이론 내적인 차원에서 다른 인식론적 문제를 제기한다고 볼 수 있다. 그러므로 초기의 변형생성문법과 현재의 변형생성문법이 어떤 유사성을 갖는지, 다른 방향, 즉 변화된 사항이 있다면 어떤 식으로 전개되는지를 생각해볼 수 있다.

3) 이는 탄생 직후부터 전 세계 언어학자에게 큰 영향을 미친 변형생성문법이 여전히 이론의 수정, 개선을 해나가고 있기 때문이다.

4) 촘스키의 언어관에 대한 후기구조주의자들, 그중에서도 질 들뢰즈(G. Deleuze)의 언어관은 흥미롭다. 펠릭스 가타리(F. Guattari)와의 공저 『천개의 고원(1980, 1장과 3~5장)』에서 들뢰즈는 구조주의와 촘스키 언어이론의 문제점을 서구철학사의 기원에서 현재까지의 과정을 거론하며 비판하고 있다.

5) 비교문법과 소쉬르의 언어 연구 방식에는 근본적인 차이가 존재한다. 물론 언어를 하나의 과학적인 '대상'으로 분석하려는 점에서는 유사하지만, 접근 방식에서 전자가 언어 간의 계통학적 친족성을 통해 역사 언어학을 지향하였다면, 후자는 언어를 사회과학의 방법론에 접근하여 연구하였다. 사회과학으로서 언어학의 첫 번째 목표는 언어 기호의 기능을 분석하는 일이며 이는 구조주의 언어학과 더불어 절정을 맞이한다.

6) 촘스키의 언어에 관한 관심은 어릴 적부터 자연스런 분위기에서

형성된 것이다. 즉 그것은 촘스키 자신이 밝히고 있듯이 삶의 일부였으며, 마치 밥을 먹는 일과도 같았다: "저는 어렸을 때부터 언어와 언어학에 관심이 있었습니다. 제가 열 살 무렵 아버지의 박사학위 논문을 읽은 적이 있어요. …… 그 학위 논문은 중세 히브리어 문법학자 다비드 킴히에 대한 연구였습니다. 저는 그 논문 말고도 셈어, 히브리어, 아라비아어의 역사에 대해 쓰신 아버지의 글을 읽었습니다. …… 히브리어를 가르치는 일, 히브리어를 사용하는 어린이들을 모으는 일이었으니까요. 우리는 결혼 후에도 그 일을 계속했습니다." (촘스키&바사미언, 『프로파간다와 여론』, 2002, p.212)

7) 잘 알려져 있듯이 구조주의라 함은 유럽의 구조주의(소쉬르나 옐름슬레우, 야콥슨 등)와 미국의 구조주의(보아스, 사피어 등)로 구분된다. 20세기 미국 구조주의는 현장 조사 방법에 의거하여 가능한 한 가장 많은 인디언 언어를 기술하려는 필요성에 의해 영향을 받았다. 블룸필드를 중심으로 '분포주의(Distributionalism)'가 발전해갔으며 해리스에 의해 계승 발전되었다. 이론적인 측면에서 촘스키가 의미하는 구조주의는 바로 후자에 해당되는 것이다. 분포주의는 언어학에 존재했던 형이상학적인 개념을 포기하면서 그 당시에 유행한 '실증 과학적' 분석 방식에 접근해가고자 했기 때문이다.

8) 촘스키는 초기부터 문법이 의미와는 독립된 것이어야 한다고 주장하였다. (노암 촘스키, 『통사구조론』, 1957, p.17)

9) 물론 리스(R. Lees)와 같은 학자는 촘스키의 『통사구조』가 언어학자의 입장에서 과학적 이론 구성의 전통에 따라 포괄적으로 언어이론을 구축하려한 최초의 시도라고 평가한다. 이런 의미에서 그는 이미 1957년부터 '촘스키 혁명'은 시작되었다고 말한다: "촘스키 언어학은 단지 자료체를 재구성하여 새로운 종류의 도서목록을 추가하는 것이 아니고 …… 언어의 내적 구조에 관한 분명한 이론에 기초한 명백한 결과물에 근거하여 언어에 관한 우리의 직관을 정밀하게 해명한 것이다" (랭귀지, 1957)

10) 각각의 모델에 대한 설명은 여기에서는 다루지 않겠다. 먼저 촘스키 언어이론 자체의 방대함과 설명이 필요한데 이 책의 목표가 언어이론만을 소개하는 데 있지 않기 때문이다. 또한 각각의 모델별로 제시된 이론이 촘스키가 제시한 이론만으로는 이해가 불가능하기 때문이다.

11) 이 원리들에 대한 설명은 영어권은 물론 다른 외국어 전공 학자

들을 통해서도 국내에 많이 소개되어 연구되어 왔다. 특히 1990년대 들어 이 내용들에 관한 책 혹은 논문이 많이 출간되었는데, 필자는 특별히 『장벽이후의 생성문법』(노암 촘스키외 저, 홍종선 외 편역, 집문당, 1993), 『현대 통사론의 기초』(우윤식 저, PUFS, 1998)를 참고하였다. 위에서 제시한 최소주의 프로그램의 모형 또한 같은 책들에서 인용되었다.

12) 최소주의에서 추구된 모델은 초기 모델과 관련한 일련의 논란들, 즉 초기 모델과 관련한 연속성의 문제, 그래서 '생성'인가, '설명성'인가의 논란을 잠식시키려 한다. '일반화된 변형'을 재도입한 것이 대표적인 사례이다.

13) 당시 학문적인 성과 외에 촘스키가 이와 같은 획기적인 업적을 이룰 수 있었던 주된 환경은 MIT를 중심으로 본격적으로 형성되었다. 무엇보다 MIT는 당시 인문학과나 사회과학분야가 없었기에 다른 대학에서 볼 수 있었던 관료주의적 시스템에서 자유로울 수 있었다. 이에 따라 유럽을 비롯한 미국 내의 다른 대학과는 달리 언어학과는 상이한 방향으로 완전히 독립적인 성격의 프로그램을 개발할 수 있게 되었다. 또 다른 이유는 촘스키가 본격적으로 MIT에서 자신의 학문적 동지들을 만날 수 있었다는 사실이다. 예를 들어 포스탈(P. Postal), 포더(J. Fodor), 카츠(J. Katz) 등은 언어학과와 철학과에서 촘스키 사상의 존재론적 위상을 강화하는 데 기여를 했다. 이들은 촘스키의 표준이론이 다른 반대자들, 즉 생성의미론자들에 의해 공격을 당할 때, 표준이론의 문제를 보완해줄 수 있는 해석의미론을 제시해주기도 했다.

14) 일반적으로는 '모듈(Module)'이라는 원어를 사용하기도 하지만, 여기에서는 '조합'이라는 말로 사용하였다.

15) 과학이 현상에 대한 지식을 탐구하는 것이라면 '설명적 지식'만이 '과학적 지식'에 해당된다고 볼 수는 없다. 우리가 일상에서 볼 수 있는 사과의 떨어짐, 귀에 대면 들리는 소리의 전파는 '과학적 지식'에 속한다 할 수 있는데 이를 '관찰적 지식' 혹은 '직접적 지식'이라 부를 수 있다. (박이문, 『과학철학이란 무엇인가』, 1993, p.20)

16) 라이언스(J. Lyons)는 촘스키가 언어이론을 설명하는 데 있어 단순히 환원주의적 방식을 채택하는 것을 넘어 그 방식과 학문의 통일에 집착을 보이고 있다고까지 말하고 있다(라이언스, 『촘스키』, 2004, p.240).

17) 촘스키는 인간의 문제를 다룰 경우 추상적이고 이상화된 모델을 만드는 일이야말로 사물을 연구하는 중요한 방법이라고 설명하며, 문학은 물론, 사회과학 이론을 전개하는 전문가들에 대해 비판을 한다: "문학이론뿐 아니라 사람들이 말하는 수많은 사회과학이론들은 난해하기만 합니다. 너무나 심오해서 간단히 설명할 수는 없지만 원리를 분명히 제시할 수 있는 이론이 있다는 이야기는 여태 들어본 적이 없습니다. 우리는 전문 학자들이 지나치게 위세를 떨치는 시대에 살고 있습니다." (촘스키&바사미언, 『프로파간다와 여론』, 2002, p.46)

18) *은 비문법적인 문장임을 의미한다.

19) 세련된 반증주의는 과학철학에서 과학의 진보를 강조하며 과학이론의 합리적인 재구성에 주안점을 두는데, 그 내용은 과학의 성장을 강조하는 관점에서 과학이론을 설명한다. 세련된 반증주의는 이론들을 평가하는 방식의 문제를 이론들의 시리즈를 평가하는 방식의 문제로 교체한다. 고립된 이론이 아니라 오직 이론들의 시리즈가 과학적이라거나 혹은 과학적이 아니라고 말할 수 있으며, 어떤 이론 T는 다른 이론 T'가 다음과 같은 특징으로 제안될 때 그리고 오직 그때에만 반증되며, 진보적이다 (라카토스&머스그레이브, 『Criticism and the Growth of Knowledge』, p.116).

a) T'는 T보다 더 여분의 경험적 내용을 갖는다. 다시 말해서 T'는 예상 밖의 새로운 사실들을 예측한다.

b) T'는 T의 이전 성공을 설명한다. 즉 T의 내용 중 반박되지 않고 있는 모든 내용이 T'의 내용 속에 포함되어 있다.

c) T'의 여분의 내용 중 일부가 확증된 것이다.

20) 특히 최소주의 언어이론에 그러하다.

21) 담화분석이 변형생성문법의 틀 안에서 전혀 이루어지지 않았다는 것은 아니다. 영어 외에 프랑스어나 일본어, 한국어 등에서 변형생성문법이론에 맞춰 설명하려는 많은 작업이 있었지만, 그 역시 한정된 자료체를 토대로 하고 있다.

22) 예를 들어, 북아프리카(모로코, 알제리, 튀니지)에서 사용되고 있는 언어들의 특이성은 세계의 다양한 언어 현상을 촘스키 이론이 설명할 수 없음을 보여준다. 이 지역에서 사용하는 아랍어(아랍어도 지역, 성별, 세대, 교육수준 등에 따라 표준아랍어와 다르게 사

용된다), 프랑스어, 베르베르어(지역별 사용이 다르며, 아랍어와 프랑스어를 받아들여 사용하는 형태 또한 달라진다)가 공존하는 특성을 촘스키 이론으로는 설명할 수가 없다. (임기대, 「다언어국가로서 알제리의 언어사용정책에 관한 연구:베르베르어의 경우」, 한국프랑스학논집, 2008, 62권, p.23~48)

23) 로버트 바스키, 『촘스키, 끝없는 도전』, 1999, p.178

24) 존 듀이(J. Dewey: 1859~1952)는 미국의 국내외 정책을 신랄하게 비판한 미국의 지식인이며 시카고 대학에 재직하는 동안 이 지역의 슬럼가 이민자 및 소수 민족에 대한 착취와의 투쟁, 노동조합 합법화 법안 마련을 위한 지지 운동, 대기업의 역할에 대한 공격을 주도했다.

25) 실제 촘스키가 주목하고 있는 학자들은 오늘날의 인물이기 보다는 플라톤이나 갈릴레오, 데카르트, 훔볼트, 라이프니츠와 같은 고전기의 인물들이다. 촘스키 자신도 현대의 이론가들보다 과거의 사상가들이 자신의 학설과 더 많은 연결고리가 있음을 말하고 있는데, 이것은 언어이론과 관련해서도 마찬가지이다.

26) 촘스키가 그의 초기 연구를 위해 미국방부 연구비를 받아썼다는 것은 이미 잘 알려진 사실이다. 게다가 미국 내에서는 미국을 비판하는 촘스키에 대해 주식투자와 강연료, 인세 수입 등으로 호화로운 생활을 하는 '귀족 좌파'라고 부르는 사람들도 있다.

27) 노암 촘스키, 『중동의 평화에 중동은 없다』, 2005, p.71

28) 예를 들어 유진 뎁스(E. Debs)는 1912년 주류 정당이 아닌 제 3 당 후보로 대통령 선거에 출마하여 많은 표를 획득했다. 사회주의자이며 노동자인 그는 공적 지식인이 아닌 관계로 감옥에 가야 했는데, 그 이유는 뎁스가 노동자와 빈민의 편에 서서 운동을 했기 때문이다.

29) 여기에 동원되는 지식인은 비단 학계는 물론, 성직자들까지도 포함하며, 이는 미국에만 국한된 것이 아닌 영국이나 독일에서까지 자행되어온 일이라고 한다. (드니 로베르, 베로니카 자라쇼비치와의 인터뷰, 『촘스키, 누가 무엇으로 세상을 지배하는가』, 2002, p.28~29)

30) 촘스키는 2011년 국내 한진중공업 사태와 관련하여 전폭적인 지지를 보냈으며 노동자들의 '연대'가 시민들의 용기 있고 명예로운

행동, 그리고 평화와 정의를 위한 전반적인 노력이라고 말했다.

31) 실제 촘스키는 난해한 글쓰기를 한다는 이유에서 포스트모더니스트로도 읽히는 후기구조주의자들의 글에 대해 부정적인 시각을 갖고 있다.

32) 이 부분에 대해서 촘스키는 인간의 도적덕 가치도 같은 맥락에서 이해할 수 있다고 주장한다. (노암 촘스키, 『촘스키, 세상의 물음에 답하다』, 2005, p.217)

33) 이런 의미에서는 변형생성문법도 광의적 범주에서 구조주의와 그 맥락을 같이 한다고 할 수 있다.

34) 물론 촘스키가 영어로만 전적으로 모든 언어를 설명하고 있지는 않다. 가령 프랑스어, 독일어, 이탈리어 등의 유럽언어와 일본어, 중국어, 한국어 등의 아시아어, 심지어 아프리카 언어나 크레올어와 같이 전 세계에 존재하는 다양한 언어를 설명하고는 있지만, 근본적으로 영어를 중심으로 한 설명이다.

35) 촘스키는 프랑스적 담론을 포스트모더니즘 담론으로 규정하고 있다. 다소 논쟁의 소지가 있지만, 여기에서는 논지의 전개를 위해 포스트모더니즘이란 용어를 후기구조주의를 포함한 개념으로 사용하였다.

시대의 지성 노암 촘스키

펴낸날 **초판 1쇄 2012년 6월 8일**

지은이 **임기대**
펴낸이 **심만수**
펴낸곳 **(주)살림출판사**
출판등록 1989년 11월 1일 제9-210호

경기도 파주시 문발동 522-1
전화 031)955-1350   팩스 031)955-1355
기획·편집 031)955-4662
http://www.sallimbooks.com
book@sallimbooks.com

ISBN 978-89-522-1876-6   04080

책임편집 **최진**